大串夏身・金沢みどり【監修】

ライブラリー 図書館情報学・・・・・・・・・・・・・・・・・10

綿拔豊昭【著】

図書・図書館史

学文社

まえがき

　本書は，平成 24 年度から開始される司書養成の新カリキュラムに添って，図書および図書館の歴史の概略について述べるものである。
　かつて，椎名六郎は，『新図書館学概論』（学芸図書，1973 年，p29）のなかで，「図書館史」について以下のように述べている。

　　全体的に見て，図書館史は人類の文化の発展と，社会の発達の歴史から，単独に発達したものではない。すべてが人類文化と社会の発達につながっているのであるから，この研究は困難であることを知らねばならない。さらに問題になるのは，このような歴史を記述するについてどのような立場で，客観的事実を認識するのか，すなわち図書館史を描く人間の歴史観によって，描かれた図書館史の様相が変わってくるのである。しかしどのような歴史観をもって描くかは，研究者の自由である。そこで，各種の図書館史が出現するのである。

　この指摘の通り，現在においても「各種の図書館史」が存在しており，著者，編者の個性が色濃く出たものもある。このことは，図書館史に限らず図書史についてもいえることである。
　本書は，これから図書館司書をめざす人々を対象としており，個性的なものではなく，あくまでも客観的に必要と思われる知識をまとめることにつとめた。また，これらの知識を基礎として，図書・図書館の歴史をより深く学ぶ手引きとして，各章のおわりに「考えてみよう・調べてみよう」と「読書案内」をもうけている。
　たとえばイギリスのオックスフォード大学，アメリカのイエール大学は，多くのノーベル受賞者を輩出した大学である。その両大学ともに歴史学部は権威ある存在であり，歴史を学ぶことは軽んじられていない。欧米では多くの者が

歴史を学ぶ。その一つの理由として，
- ・人間・社会の行動の証拠を評価する能力
- ・異なる解釈を評価する能力
- ・変革を把握する能力

が育成されるからだとされる。

　高度情報通信ネットワークを基盤とした新しい社会で，図書館は新しい役割を，またそれにふさわしいサービスの創造・提供を期待されている。本書を契機として，図書・図書館史を学び，その期待にこたえる司書となっていただきたい。

目　次

第1章　文　字 ——————————————— 7

1　図　　書　7
2　古代文明と文字　8
3　メソポタミア文明と文字　9
4　エジプト文明と文字　11
5　アルファベットの成立　12
6　インダス文明と文字　13
7　中国文明と文字　13
8　中国の文字伝説1「結縄」　14
9　中国の文字伝説2「倉頡」　15

第2章　記録メディア ——————————————— 17

1　紙以前の記録メディア　17
2　パピルス　18
3　羊皮紙（パーチメント）　18
4　竹簡・木簡　19

第3章　紙 ——————————————— 22

1　紙の発明　22
2　紙の伝播　23
3　和紙の歴史　23
4　和紙の種類　24

第 4 章　日本の図書の形態 ───────────── 27

  1　装　　訂　27
  2　糊を使用した装訂－巻子本　27
  3　糊を使用した装訂－折本　30
  4　糊を使用した装訂－折帖仕立・画帖装・粘葉装　31
  5　糸を使用した装訂　31

第 5 章　日本の図書の出版 ───────────── 33

  1　日本の本の最初　33
  2　日本の印刷の起源　34
  3　寺院版　35
  4　中世武士と出版　36
  5　嵯峨本と奈良絵本　38
  6　江戸時代の出版　39
  7　明治初期の出版　41
  8　活版印刷　41

第 6 章　図書・図書館の歴史：アジア ──────── 45

  1　メソポタミアの文書館　45
  2　中国　周・秦の時代　47
  3　中国　隋・唐・宋の時代　48
  4　モンゴル帝国　49
  5　イスラム　50

第 7 章　図書・図書館の歴史：欧米 ───────── 53

  1　ギリシャ文化　53
  2　アレクサンドリア図書館　54
  3　古代ローマ　56
  4　キリスト教と図書館　57
  5　ゲルマン民族の国　58
  6　ルネサンス　59

7　グーテンベルクの活版印刷術　60
　　8　ヨーロッパの王・諸公の図書館　61
　　9　イギリス　62
　　10　フランス　64
　　11　ドイツ　67
　　12　北欧の図書館　68
　　13　アメリカ　70

第8章　日本の文庫の歴史 ──────────────────── 74

　　1　聖徳太子とその周辺　74
　　2　図書寮の設置　75
　　3　宮廷文庫　76
　　4　写　　経　77
　　5　寺院文庫《経蔵》　78
　　6　公家文庫　80
　　7　学寮文庫　81
　　8　中世の武家文庫　81
　　9　学校文庫──足利学校の文庫　82
　　10　京都・鎌倉の五山と文庫　83
　　11　朝廷文庫　84
　　12　公家文庫　85
　　13　近世の武家文庫　85
　　14　諸大名の文庫　88
　　15　学校文庫　90
　　16　個人文庫　92
　　17　公開文庫　93
　　18　貸本屋　94
　　19　朝廷（公家）文庫　95
　　20　神社・寺の文庫　95

第9章　日本の図書館の歴史 ─────────────────── 98

　　1　明治期の図書館運動　98

目次　5

2　大正・昭和期の図書館運動　100
　　3　図書館行政の変遷　100
　　4　帝国図書館　102
　　5　帝国図書館などの設立と出版　104
　　6　宮内庁書陵部と内閣文庫　104
　　7　新聞縦覧所など　106
　　8　明治期の公共図書館　107
　　9　大正・昭和期の公共図書館　110
　　10　学校・大学図書館　112
　　11　私設図書館　113
　　12　寺社関係の文庫　116
　　13　通信制図書館　116

第10章　現代日本の図書館 ─────────────── 118

　　1　図書館行政と図書館活動　118
　　2　国立国会図書館の役割　119
　　3　国立国会図書館の電子化　121
　　4　公共図書館　122
　　5　学校図書館　128
　　6　大学図書館　129
　　7　その他　132

　あとがき　134
　索　　引　136

第1章
文　字

❏ **本章の要点**

人類のコミュニケーションは，次の4段階で発達したとされる。
〈声〉→〈文字〉→〈印刷〉→〈電子（デジタル）〉
記録メディアがなかった時代の〈声〉の文化は，現在，どのようなものであったか不明である。
絵図や文字が書かれた記録メディアを「図書」とするならば，次の〈文字〉の文化の段階が，図書の起源である。後に図書が集められるようになり，図書館へと続いていく。
ここでは，代表的な〈文字〉について把握する。

キーワード

図書，楔形文字，ヒエログリフ，甲骨文字

1　図　　書

「図書」とは何か。本書では，
　　主に植物を用いて作られた記録メディアに絵図や文字が書かれたもの
を「図書」と定義する。
　なお，デジタルメディアに記録されたものは「デジタルブック」（電子書籍）とし，単に「図書」といった場合と区別する。
　英語で図書館を意味する「library」の語源であるラテン語の「liber」は「木の樹皮」という意味で，その樹皮の裏に文字などを書いたことから「本」という意味に用いられるようになった。
　またドイツ語で図書館を意味する「bibliothek」の語源は，ギリシャ語で「パ

ピルス」の巻物を保管する容れ物を意味する「bibliotheke」である。パピルスは，今から4000年ほど前の古代エジプトで，パピルス草で作成された記録メディアである（→18頁）。

以上のように，ヨーロッパでの「図書館」の語源は，絵図や文字を書き記すものを意味することばである。

なお，日本では奈良時代の「図書寮」など「図書」ということばは古くから用いられてきたが，「図書館」ということばが，一般に使用されるようになったのは明治時代半ばとされる。

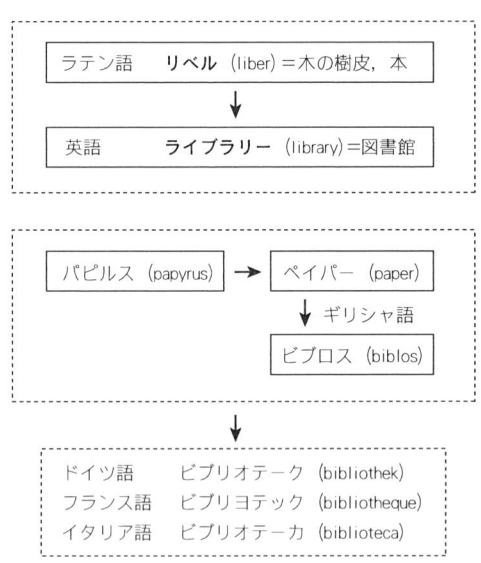

2　古代文明と文字

古代文明は，大きな川の流域におこった。文明が栄えた地域には，人間が考えたことなどを記録するために〈文字〉が発明された。人類は，さまざまな発明をしてきたが，情報メディア関連の発明で最も重要なもののひとつが〈文字〉の発明である。世界には約7,000もの言語が存在するが，その8割が書きとめられた記録がなく，その知識情報が消滅する可能性があるとされる。知識情報

を伝えるのに，〈文字〉で記録する方法は，人間が記憶して，口伝えするよりも有効な方法である。情報は「記憶」から「記録」するものになったのである。

特に重要視される古代文明と使用された文字は以下のとおりである。

メソポタミア文明	紀元前3000年ごろ 西アジアのチグリス川とユーフラテス川の間の地域（メソポタミア） 楔形文字（くさびがたもじ，せっけいもじ） （キュネイフォーム，cuneiforma）
エジプト文明	紀元前3000年ごろ アフリカのナイル川流域 ヒエログリフ（hieroglyph）（聖刻文字）
インダス文明	紀元前2500年ごろ インド，パキスタンを流れるインダス川流域 インダス文字
中国文明	紀元前1600年ごろ 中国の黄河流域 甲骨文字

各古代文明の地を記した世界地図

3 メソポタミア文明と文字

メソポタミアの地で使用されていた文字は，シュメール人が発明したとされる「楔形文字」である。文字が「楔」(木材や石材を割るためのV字形の道具)を連ねたような形をしていたことによる。

第1章 文 字　9

楔形文字が書かれた粘土板（筑波大学蔵）

楔形文字は，シュメール語，アッカド語，ヒッタイト語，ペルシア語など，多くの言語を書き写すのに用いられた。「眼には眼を，歯には歯を」という内容の刑法が記されたことで知られる，紀元前18世紀のバビロン第1王朝第6代のハンムラビ王が編纂させた「ハンムラビ法典」（1902年，イランのスサで発見）も，石柱に楔形文字で刻まれたものである。

初期の楔形文字は，絵文字的書体である。その後，絵文字的なものが少なくなり，整理されていき，原型をとどめないほどに変化した。つまり一字一字が音声とともに意味を表す〈表意文字〉が，一字では意味を表さず音声だけを表す〈表音文字〉に変わっていったのである。

はじめは葦という植物の先端をとがらせた筆記用具で，まだ乾燥して固くなっていない粘土板などに書かれた。それは略画ともいうべき絵文字であった。丸みがある絵文字は，線を引くなどして描かなければならない。葦の先端をとがらせた筆記用具では，必ずしも上手に書けるとはかぎらない。経験や技術がそれなりに必要になる。直線的な文字であれば，筆記具を粘土板に押しつけることで書くことができる。絵文字にくらべて，多くの人にとって書きやすい文字になったのである。

葦は腐りやすいため，筆記用具に加工された葦は現存しないが，粘土版から推測すると，筆記具も改良されたらしい。葦の茎を切り落とし，鋭角的な形をした，いわばペン先をつくり，それを押しつけて，三角形の向きやそれに直線を組み合わせた文字を刻んだとされる。

また粘土板は，角が丸い物から，角が四角の物になっていった。

4 エジプト文明と文字

　エジプトの地で使用された文字は，物の形をかたどって字形とした「象形文字」である。つまり表意文字（→ 10 頁）で，今日ヒエログリフ（聖刻文字）といわれている。その名はギリシャ語「hieros」（聖なる）と「glupho」（刻まれた）に由来する。エジプトの地で，ギリシャ人の見たこの文字は，石でつくられた神殿の壁面や柱（聖なるもの）に刻まれていたからである。

　古代エジプト人は，ことばを発したり，文字に記すと，生命を持っていないものに生命を吹き込むことができると信じていた。神殿の壁画に，文字を記して生命を吹き込んだのである。

　エジプトで使用された文字は，字形によって次の3つに大別される。

ヒエログリフ	聖刻文字
ヒエラティック	神官文字
デモティック	民衆文字・民衆語

　ヒエログリフは，神殿の壁面や柱などに刻まれ，装飾性がある。石に刻むものであり，しかもかなり凝った書体のため，速く書くことができないという欠点があった。そのため，より速く書くために，崩した書体，筆記体であるヒエラティック（神官文字），デモティック（民衆文字）がつくり出された。これらは，主にパピルス（→ 18 頁）に書かれた文字である。

　ヒエログリフの最後の碑文は4世紀に刻まれたものである。その後，ヒエログリフを使用する者たちが死に絶えてしまい，判読できなくなっていた。

　その解読の有力資料になったのが玄武岩製の石碑「ロゼッタ・ストーン」

ロゼッタ・ストーン（複製・筑波大学蔵）

(Rosetta Stone）である。高さ 114 cm，幅 72 cm，厚さ 28 cm，重さ約 780 kg の石碑には，上からヒエログリフ，デモティック，ギリシャ語の順に 3 段で文字が刻まれていた。それを，1822 年，ルーブル美術館の古代エジプト部門を創設したことで知られるシャンポリオンが読解し，ヒエログリフが判読できるようになっていった。

　ロゼッタ・ストーンは，1799 年にエジプト遠征をしたナポレオン軍が発見したが，イギリスがフランスに勝利したため，戦利品としてイギリスに譲渡され，現在，イギリスの大英博物館に所蔵されている。

5　アルファベットの成立

　今のシリア・レバノン・パレスチナ周辺は，地中海に面する港があり，メソポタミアとエジプトを結ぶ陸路に位置する。紀元前 15 世紀ごろにはカナーン人，紀元前 13 世紀末ごろから「海の民」がおさめ，後にフェニキア人が活発な交易活動をしていた。フェニキア人は，ポエニ戦争（紀元前 264-146 年）に敗れ，ローマに滅ぼされるまで，1000 年間ほど地中海貿易を独占した。

　まずカナーン人は，エジプトの象形文字を自分たちの言語の発音にあわせて「原カナーン文字」を作成する。無意味な記号と無意味な音が結びつくことによって生まれた，わずか数十個の文字で，一民族の言葉をすべて表現できることになっていった。

　商業をするうえでは，実用的な，単純な文字の表記法を必要としたフェニキア人は，それをもとに「フェニキア文字」を作成する。フェニキア文字は，地中海貿易を通じて，ギリシャ人に伝わり，「ギリシャ文字」が生まれ，ローマ字の「アルファベット」ができる。

　またアケメネス朝ペルシャ帝国で公用語となったアラム語を記録するために，フェニキア文字をもとに「アラム文字」がつくられる。紀元前 9 世紀ごろから使用され，その後，楔形文字に取って代わり，「ヘブライ文字」「アラブ文字」になっていった。

梵語

6　インダス文明と文字

インダス文明で使用された文字の多くは，いわゆる「インダス式印章」と呼ばれるものである。印面がほぼ正方形の印章で，上に文字，下に動物が掘られているのが一般的である。

なお，紀元前15世紀ごろにはアーリア人がインド北西部パンジャブ地方に住み着いた。アーリア人の宗教であるバラモン教の聖典「ヴェーダ」で使用されていた言語が，バラモン教徒たちの日常語となり，これをもととして文法家パーニニが文法規則をまとめ，補完されて成立したのが「古典サンスクリット語」である。

サンスクリットはヒンディー語の形成に影響を与え，現代でも，インド公用語のひとつになっている。仏教，ヒンドゥー教の宗教書がサンスクリットで書き写されるなどし，それらは日本にも伝わった。サンスクリットは，日本では「梵語」といわれ，そのまま外来語として使用され，日本語となっていったものも少なくない。

7　中国文明と文字

中国では，紀元前4000年以前に「象形文字」が使用されていた。もともと符号や図案であったものが発展して，現在の漢字になったとされる。

中国の文字でとくに知られているのが「甲骨文字」である。殷王朝（紀元前1600～紀元前1100年ごろ）で使用された。甲骨文字とは，亀の甲羅，牛馬の肩胛骨に刻まれた文字の総称である。

亀の甲羅や獣骨に火を入れると〈ひび割れ〉が生じる。このひび割れがどの

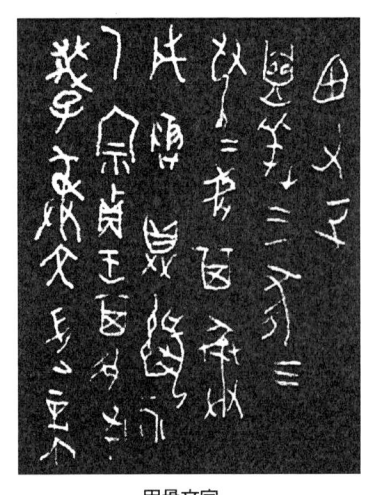 

甲骨文字　　　　　　文字が書かれた亀甲（筑波大学蔵）

ような形であったかによって吉凶を占うことがあった。この占いでは、そのひび割れた甲羅などに、その占いの内容を文字で刻んだ。この文字を甲骨文字と称する。

　また殷王朝では青銅器に文字を刻むことがあった。金属に刻まれた文字なので「金文」という。石に刻まれた場合を「石文」といい、金属も石も硬いので、あわせて「金石文」ということもある。

8　中国の文字伝説1「結縄」

　『易経』（繋辞伝下）に次の記述がある。
　　　上古結縄而治、後世聖人易之以書契。
　昔は「結縄」を使用していたが、後に「書契」つまり文字を使用するようになったというのである。「結縄」とは、縄を結んだりしたものを記録のために用いることである。
　「結縄」（キープ）は、文字が使用されなかったとされるインカ帝国で用いられた記録・記憶手段でもある。基本となる1本の縄に、他の色つきの縄をたらしたり、結び玉をつけ、縄の色、結び玉の位置、結び方によって記録した。似た

ようなものとして、木片や骨片に刻みをつける方法がある。その結び玉や刻みのありようが記憶的記号の役割を果たしていた。ただし、縄のみを使用した方法で表現できることは限界があり、数量といった、単純なことがらであったと考えられる。

なお、『隋書』（和国伝）に、日本には文字がない、ただ木を刻み、縄を結ぶのみである、とある。また、結縄は沖縄にもその例がみられる。「わらざん」と称されるものである。

蒼頡鳥の跡を見て文字を作る図

9　中国の文字伝説2「倉頡」

日本とのかかわりでいえば、「倉頡」の文字創成伝説は無視できない。

『荀子』『韓非子』などにその伝説が載る。黄帝の時代、記録に関する官職にあった「倉頡」は、獣や鳥の足跡を観察して、文字を創りだした、というのである。

この伝説は、日本では江戸時代の教科書「往来物」などに記されることによって、多くの日本人に知られていた。このことをふまえて

　　　人間の手の跡鳥の足の跡（人間の筆跡はもともと鳥の足跡である）

といった川柳が詠まれたりもした（『俳風柳樽』）。またアーネスト・M・サトウに勧められて、大英博物館に寄贈された『尾蠅欧行漫録』（→99頁）には、その著者市川清流によって次の詠歌が記されているという。

　　　たち隔つ浪路はるけき磯の辺に鳥の跡をも知る人ぞ知る

海外に「鳥の跡」すなわち自分の著作を知っている人がいる喜びを詠んだものである。

> 考えてみよう・調べてみよう

1. 「図書」には，いくつかの定義がある。どのような定義があるか調べて比較してみよう。
2. 「ヒエログリフ」など特定の文字に関する事典類が日本語で複数出版されている。どのようなものがあるか調べてみよう。
3. 学藝書林から発行されている「大英博物館叢書」には，どのような文字に関しての図書が入っているか調べてみよう。

> 読書案内

文字については，スティーヴン・ロジャー・フィッシャー著，鈴木晶訳『文字の歴史　ヒエログリフから未来の世界文字まで』（研究社，2005年）がある。また菊池徹夫編『文字の考古学Ⅰ』（同成社，2003年），同編『文字の考古学Ⅱ』（同成社，2004年）も参考になる。文字をもたない言語についてのべた，K. デイヴィッド・ハリソン著，川島満重子訳『亡びゆく言語を話す最後の人々』（原書房，2013年）は視野をひろげるのによい。

平川南編『古代日本　文字の来た道－古代中国・挑戦から列島へ－』（大修館，2005年）は，「国立歴史民俗博物館　第38回歴博フォーラム」をまとめたもので，日本に文字が伝来したことについてふれる。

第2章
記録メディア

❑本章の要点

　情報を伝達するために「文字」はさまざまなものに記録された。そのためには記録をするもの，すなわち記録メディア（媒体）が必要とされる。紙が普及するまえは，記録する人たちが住む地域で，必要な量だけ手に入れることができるかなどによって，記録メディアは異なっていた。ここでは紙以前の代表的な記録メディアにどのようなものがあったかについて把握する。

キーワード

パピルス，羊皮紙，竹簡・木簡

1　紙以前の記録メディア

　文字が発明されても，それを記録するメディアがなければ，知識情報は伝達できない。紙以前の記録メディアは以下のものがある。

記録メディア	原料
粘土板	粘土
石板	石
金属	青銅など
甲骨	亀の甲羅，牛や鹿などの獣骨
パピルス（papyrus）	パピルスという植物の茎
羊皮紙（パーチメント）	羊や山羊などの動物の皮
竹簡・木簡	竹・木

　「第1章」で，「粘土」「石」「金」「甲骨」についてはふれているので，以下「パ

17

ピルス」「羊皮紙」「竹簡・木簡」についてのべる。

2　パピルス

　エジプトのナイル川の流域には，「パピルス」という植物が生育していた。この植物の茎を刃物を用いて広げて，縦・横の繊維を表裏に重ね合わせて貼られて作られたのが「パピルス」という記録メディアである。「紙」のようなものではあるが，「紙」とは製造法が異なる。葦の茎の先を切ったペン・筆に，木炭や煤で作られた黒インクをつけて書いた。記録の仕方が，「刻む」から「書く」になったのである。

　パピルスは軽く，書きやすく，またつなぎ合わせて巻物にして，多くの情報を記録できるという長所があった。その一方で，折り畳むことはできず，痛みやすいため，保存には適していない。また片面にしか書くことができないという欠点があった。

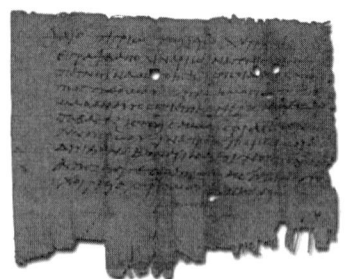

パピルス

3　羊皮紙 (パーチメント)

　「羊皮紙」は，羊や山羊などの皮を原料として作られた記録メディアである。羊の皮で作るので「羊皮紙」という。紀元前2世紀に，パピルスを必要な量，輸入できなかったため，ペルガメヌム (pergamunum) の王が考案したという伝説がある。そのため中世ラテン語で「ペルガメヌム」といい，後に英語でパーチメント (parchment) というようになった。筆記用具には鳥の羽で作られた「羽

ペン」が使用された。

皮をなめしたり，伸ばしたり，磨いたりと，製造には長い時間とたいへんな手間がかかる。羊一頭からだいたい 70 cm×50 cm の大きさの羊皮紙を作ることができる。

パピルスより柔らかく丈夫で，両面が使用でき，折ることもできた。しかし，厚くて重い。またつくるのに手間と時間がかかり，量産ができないため，高価なものであった。

なお子牛の皮から作ったものをヴェラム (vellum) という。

羊皮紙

4　竹簡・木簡

中国では，甲骨や青銅などの他に，竹や木を記録メディアとして使用した。竹や木を，切ったり削ったりして細長い形にして，それに文字を書いた。「竹簡」「木簡」という。もともとは，「簡牘」といって，「簡」は竹の板，「牘」は木の板のことをいって区別した。

竹や木を皮や糸で綴じて巻物にすることもあった。この巻物を「策」とか「冊」とかいう。現在，日本で本を数えるのに「1冊」などというが，この数の単位「冊」はこれに由来する。もともとは板を綴じた形からできた字である。この「冊」の字が甲骨文字にあることから，竹簡・木簡は殷の時代にすでに使用された可能性が指摘されているが，出土品の最も古いものは戦国時代のものである。なお，日本の「紙」(かみ) は「簡」(かん) の音によるものとする説もある。

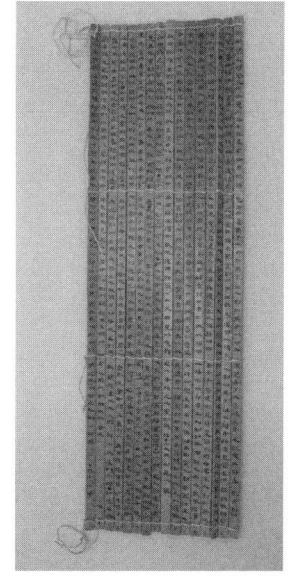
簡牘（筑波大学蔵）

第2章　記録メディア　　19

甲骨や金石は刻んだ情報を書き換えるのが困難であるが、竹簡・木簡は、墨で書かれた部分を削るなどすれば書き直しが容易である。さらに大量に安く手に入れやすく、加工しやすい原材料である。また以前からの記録に新しい記録を足すとき、竹簡ならば、編み足し続けるのが容易である。こうしたファイル機能もあった。

考えてみよう・調べてみよう

1. これまでにとりあげた記録メディアの長所と短所をそれぞれあげて、比較してみよう。
2. 以下のように、古代の記録メディアは、用いられた場所によって異なる。なぜ異なるか考えてみよう。

エブラ遺跡	
場所	シリア北部
時期	紀元前2500年ごろ
メディア	粘土板（約15,000点）神々の賛歌、家畜や税などの記録
アッシュールバニパル王の図書館	
場所	アッシリア（現在のイラク）の都市ニネヴェ
時期	紀元前650年ごろ
メディア	粘土板（約20,000点）戦争などの記録、英雄伝説
アレクサンドリア図書館	
場所	エジプト
時期	紀元前300年ごろ
メディア	パピルス紙の巻子本
ペルガモン図書館	
場所	トルコ
時期	紀元前3世紀半から2世紀頃
メディア	羊皮紙の図書

3. インターネット上には、2.でとりあげた記録メディアをカラーでみることができるサイトがある。どのようなサイトがあるか調べてみよう。

読書案内

カレン・ブルックフィールド著、浅羽克己監修『ビジュアル博物館第48巻　文字と書物』(同朋出版社、1994年)、ブリュノ・ブラセル著、荒俣宏監修；木村恵一訳『本の歴史』(創元社、1998年。「知の再発見」双書80)、樺山紘一編『図説　本の歴史』(河出書房新社、2011年。ふくろうの本)は、図が豊富で、入門書としてよい。

「記録メディア」に限定されず，世界の図書の歴史を視覚的に知るうえでよいものがマーティン・ライアンズ著，蔵持不三也監訳『ビジュアル版　本の歴史文化図鑑　5000年の書物の力』(柊風舎，2012年)，高宮利行・原田範行著『図説　本と人の歴史事典』(柏書房，1997年)である。

前者の図版はカラーで外国の「参考文献」，後者は白黒で外国および日本の「参考文献」が付されているので，より勉強したいときに便利である。

第3章
紙

□ 本章の要点

「紙」は，世界中でもっとも長く使われてきた記録メディアである。今後，デジタル化が進んでいくにしても，近い将来に，紙がまったく使用されなくなることはあるまい。また，今日，図書館に所蔵される図書の大半は「紙」でつくられている。そこで，その紙の歴史について理解する。

キーワード

蔡倫，曇徴，紙の種類

1　紙の発明

誰が紙を最初につくったかはわかっていない。中国甘粛省で発見された「放馬灘紙」が現存最古のもので，それは紀元前150年ころの前漢の時代のものとされる。紀元前200年ころには製紙技術があったともいわれる。しかし，文字が書かれていることが少なく，この時点では，記録メディアとしてよりも，主に鏡など物を包むのに用いられたと考えられている。

105年，後漢の時代，蔡倫が書画に適するように，原料や製法を改良するなどして，和帝に献上した。425年になった『後漢書』(蔡倫伝)では，蔡倫を紙の発明者としている。

このころの紙は，麻の繊維を細かく砕き，それを水に分散させ，網で漉して脱水・乾燥させて作った。

2 紙の伝播

紙は,「パピルス」「パーチメント」「竹簡・木簡」に比較して,簡便で安価であったため,それらにかわって記録メディアの中心になった。ただし,短期間にその製紙技術が伝わってつくられるようになったのではない。以下のように,シルクロードを経由するなどして,中国からヨーロッパに伝わるまでにおよそ1000年もかかっている。

751年	中国の唐王朝とイスラム帝国アッバース朝の戦争で,唐王朝が敗戦。捕虜になった中国人から紙の製造法が伝わり,サマルカンドに製紙工場がつくられる。
793年	バグダットに伝わる。
900年ごろ	エジプトに伝わる。
1150年ごろ	スペインに伝わる。
1276年	イタリアに伝わる。

『魏志倭人伝』などにみられるように,日本は中国と交渉をもっていたので,古代から紙の伝来はあったと考えられる。

製紙技術については,『日本書記』に,610（推古天皇18）年,高句麗から来た僧の曇徴によってもたらされたとある。

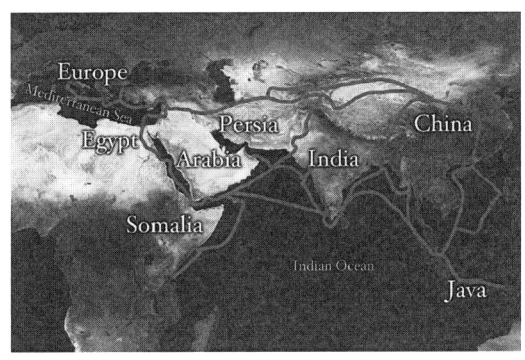

シルクロード

3 和紙の歴史

明治になり,〈機械漉き〉の紙が輸入されたとき,これを「洋紙」と名付け,

従来，日本でつくられる〈手漉き〉の紙を「和紙」と称して区別した。その歴史の要点をまとめると以下のようになる。

飛鳥時代	製紙技術の導入による生産の基礎 　　曇徴，製紙技術を伝える。
奈良時代	紙の開発 　　図書寮造紙所設置。 　　「正倉院文書」に加工法などに基づく紙名が約230種。 　　優美で強靱な斐紙の開発。 　　「百万塔陀羅尼経」(770年刊)
平安時代	製紙技術の発展と普及 　　図書寮別所「紙屋院」設置。 　　紙屋院の指導により，各国でも製紙。地方産紙の興隆。
鎌倉・室町時代	紙の用途のひろがり 　　住居　→　障子 　　衣服　→　紙衣
江戸時代	日常生活の必需品 　　出版物などによる紙の需要の増加。 　　諸藩の財源として製紙→米，木材につぐ取引高。
明治時代以後	和紙の衰退 　　洋紙にとってかわられ実用性を失う。 　　手漉き業→無形文化財。 　　儀礼的，趣味的，芸術的な使用。

4　和紙の種類

「和紙」とひとことでいっても，原料によってさまざまな種類がある。図書館の所蔵目録等では記載されないのが一般的である。しかし，どのような料紙を用いるかは，製本の目的，図書の用途などとかかわってくることがある。

和紙の代表的なものは，楮紙，斐紙（雁皮紙），斐楮交漉紙である。これらのほかにも，麻，三椏，檀などを原料にした紙がある。

〈斐紙〉は，しっかりとした紙で，両面書写に向いており，これを薄く漉いたものを〈薄様〉という。

〈楮紙〉はもっともよく使われたもので，とくに厚くて白いものを〈奉書紙〉，厚くて縮緬のような皺があるものを〈檀紙〉という。

紙を製す図

　斐紙と楮をまぜて漉いたのが〈斐楮交漉紙〉である。斐紙が高級品であったため，安価な楮をまぜることによって生産コストを下げることが目的であったとされる。また，これに石粉などを混入してつくったものを〈間似合紙〉という。

　これらの和紙は使い捨てではなく，再生産が可能であった。使用された〈反故紙〉を漉き返してつくったものを〈漉返〉とか〈宿紙〉という。漉返は反故紙の墨が混じって，色が少し黒っぽくなる。

考えてみよう・調べてみよう
1.「紙」について書かれた一般向け図書には，どのようなものがあるか調べてみよう。
2.「紙」を展示している公的機関を調べてみよう。
3.「紙」の実物を調べるのに適した「紙の見本」を付した参考図書には，どのようなものがあるか調べてみよう。

読書案内
ピエール・マルク=ドゥ・ビアシ著，丸尾敏雄監修『紙の歴史：文明の礎の二千年』（創元社，1998年。「知の再発見」双書80）は，図が豊富で，入門書としてよい。ローター・ミュラ著，三谷武司訳『メディアとしての紙の文化史』（東洋書林，2013年）は文化史的観点から論じ

た専門的内容。
中国については，銭存訓著，久米康生訳『中国の紙と印刷の文化史』（法政大学出版局，2007 年）
　がある。
和紙については，宍倉佐敏編著『必携古典籍・古文書料紙事典』（八木書店，2011 年）が，「料紙」
　の調査方法を知るうえでの基礎図書。

第4章
日本の図書の形態

❏本章の要点

　一般に出版されている紙製の図書が，現在の形態になるまでには，いくつかの変遷があった。図書館によっては，現在も，古い形態の図書を所蔵するところがある。それを扱うにあたって，その変遷などについて知っておく必要がある。ここでは，図書の形態について把握する。

キーワード
装訂，巻子本，折本，袋綴

1　装　　訂

　情報が書かれた紙を綴じたりなどすること，つまり製本の仕方を「そうてい」という。「そうてい」は，「装訂」「装丁」「装釘」「装幀」などと，いろいろな表記の仕方がある。もともとは，よそおい（装），さだめる（訂）の意味なので，本書では「装訂」を用いる。

　装訂は，いつの時代のものか，どの地域でなされたものかによって異なることがあり，まさに文化的なことである。その他，書いたものを製本するのか，製本したものに書くのかなども異なり，書かれたものの内容，製本の目的，厚いとか薄いとかいった紙の性質，製本をしたり，それを命じる人の好みなどによって異なり，実にさまざまである。

2　糊を使用した装訂－巻子本

　日本では，縦書きで記録された。すなわち右から左に書かれている。この場

【図書の形態など】『古文書参考図録』（柏書房，1979年）を参考とした。

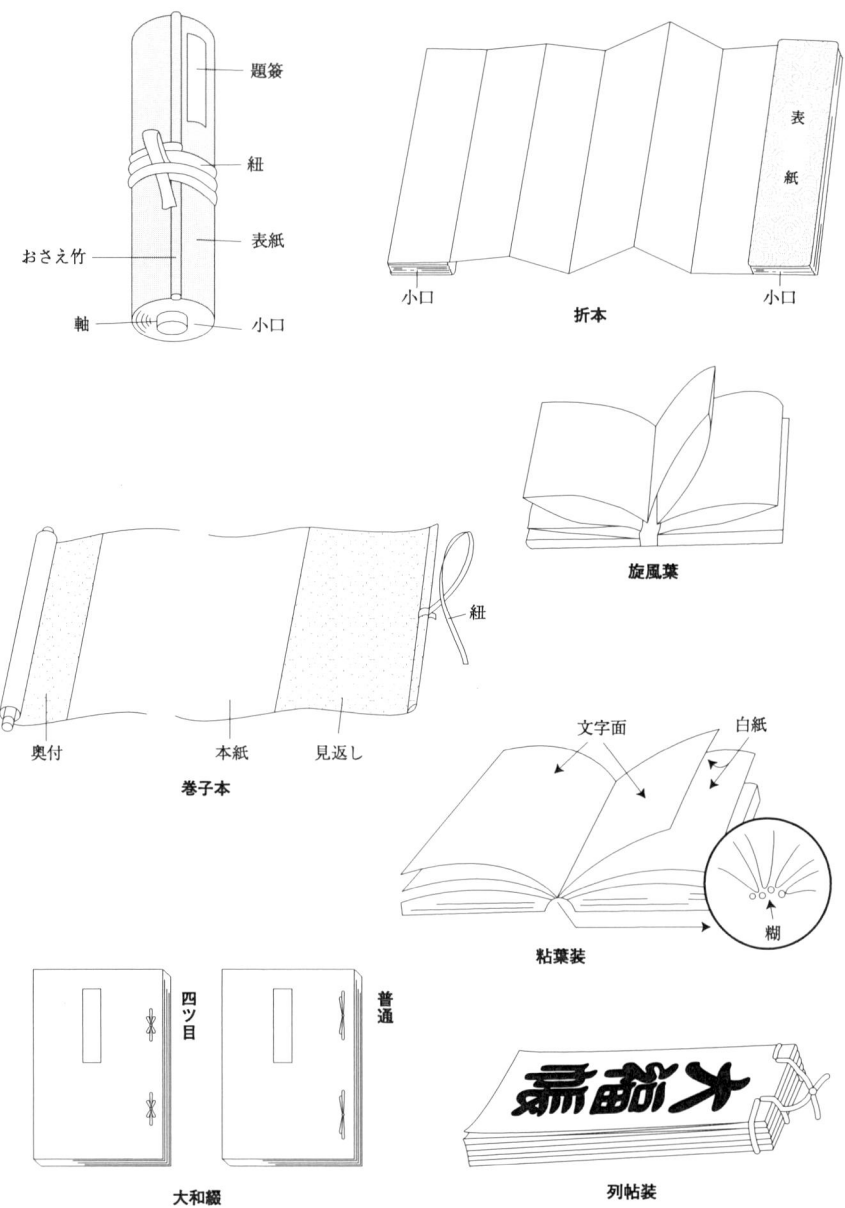

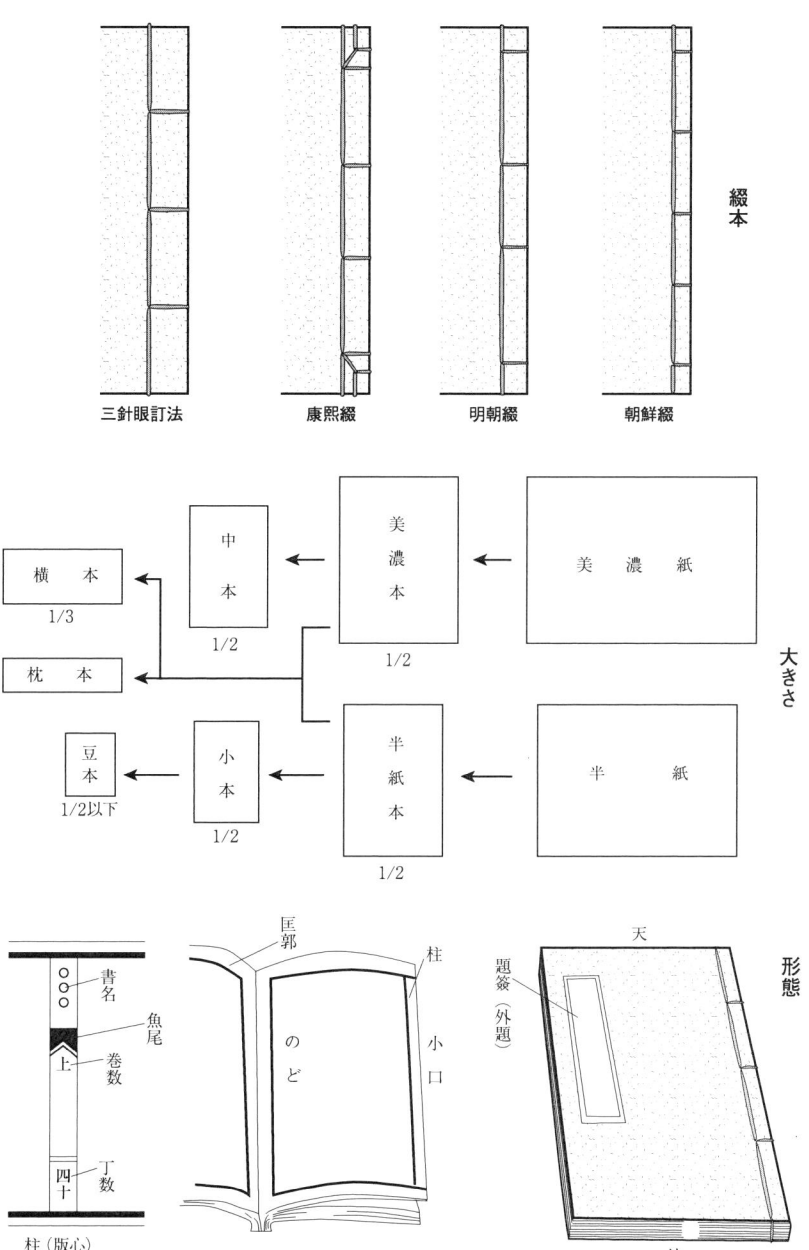

第4章　日本の図書の形態

合，1枚目の料紙の左端の裏側（端裏）と2枚目の右端の表側（端表）を糊などで貼り付ける。このように1枚1枚を繋ぎあわせていき，長い1枚の紙にし，それを巻くことによってまとめられたものを巻子本という。一般には巻物（まきもの）などといったりもする。巻きやすく，しかも開きやすいように，最後の部分に軸を付ける。よって数える単位は，「軸」で，1軸，2軸と数えることになる。横長に使用される場合は一番左側に，縦長の場合は一番下に付けられた。

　巻子本の長所は，ひろげれば全体をみることができる一方，特定の箇所を見たければ，あるいはひろげる空間が狭ければ，特定の部分だけをひらくことができることである。

　巻子本の欠点は，読むためには繙いて，はじめから見ていかなければならないところにある。途中とか，最後の方とかに知りたい情報が記載されていることがわかっていても，いきなりそこにジャンプすることができない。また巻き戻すのにも手間がかかる。

3　糊を使用した装訂－折本

　巻子本の欠点を克服してできた形態が「折本」である。

　折本は，巻子本と同じように料紙を長くつなぎ，それを等間隔で折っていき，畳んだ本である。最初と最後に表紙を付ける。数えるときの単位は「帖」である。

　このかたちであると途中の箇所などをすぐに見ることができる。しかし，折り目の部分は耐久性が弱く，「折り目切れ」などといわれるほどよく切れた。そこで耐久性をもたせるために，表表紙と裏表紙と背にあたる部分を，紙や布などを使ってつないで1枚とし，中身をくるむようにした。こうすることによって，たとえば，不注意からダラッと下までひろがって図書がひろがることがない。この製本の仕方を「旋風葉」という。中身がひろがった状態が，風でまくりあげられたように見えることからこの名がある。これも数えるときの単位は「帖」である。

4　糊を使用した装訂－折帖仕立・画帖装・粘葉装

これまであげたものは，長くしたものを折っていくのだが，折ったものを糊付けして製本したものがある。

折帖仕立は，折った料紙を重ね，料紙のそれぞれの端裏を糊付けして継いでいくものである。糊付き側は使用できない。

折帖仕立を表紙でくるんだものを「画帖装」という。折帖仕立は長く広げることができるが，画帖装はそれができない。「画帖」というように，絵を見開きで鑑賞するのに適している。

また料紙のそれぞれの折目の外側同士を糊付けしてつないで，表紙でくるんだものを「粘葉装」という。以上数えるときの単位は「帖」である。

5　糸を使用した装訂

紙をついだ長いものを使用しない方法も考え出された。「列帖装」がそれである。これは「綴葉装」ともいう。紙を数枚から10枚ほど重ねてから2つ折りにして，折り目の部分に穴を開けて糸で綴じて，表紙を付けるものである。2つ折りにした束のことを一くくりというが，数くくりをいくつか重ねて糸で綴じる。

これを応用したのが「折紙列帖装」である。「双葉列帖装」ともいう。はじめの段階で2回折るところがポイントである。まず料紙を半分に折り，その折目を下にして半分に折る。これを重ねて列帖装としたものである。先の列帖装は，厚めの料紙が用いられ，両面に書写が可能である。ところが薄い紙だと裏がうつってしまうため，このようにした。

ともに数えるときの単位は「帖」である。

綴葉装は，折り目の部分を綴じたが，反対側を綴じる方法がとられるようになる。これを「袋綴」という。仮綴じをした後で，表紙を付け，糸で綴じる。双葉列帖装と同様に，両面書写に向かない薄い料紙に適している。もともと明の時代に中国でおこなわれたもので，日本でもおこなわれるようになったものである。和書の装訂の代表的なものである。数えるときの単位は「冊」である。

考えてみよう・調べてみよう

1. 「書誌学」には「列挙書誌学」と「分析書誌学」がある。図書館では，どちらの書誌学が使われるか調べてみよう。
2. 「装訂」についての参考図書には，どのようなものがあるか調べてみよう。
3. 図書館が編んだ図書目録では「装訂」がどのように記述されているか，複数の図書館の目録を比較して調べてみよう。

読書案内

列挙書誌学の参考図書として，ロバート・B・ハーモン著，三浦逸雄他訳『書誌入門』(日外アソシエーツ，1984年)がある。分析書誌学の参考図書には，広庭基介，長友千代治『書誌学を学ぶ人のために』(世界思想社，1998年)，堀川貴司『書誌学入門』(勉誠出版，2010年)がある。

橋口侯之助『和本入門』(平凡社，2005年)，『続和本入門』(平凡社，2007年)は「和本」についてわかりやすく説く。

第5章
日本の図書の出版

❏本章の要点

日本の図書には，手書きで写された「写本」と，印刷されて出版された「刊本」がある。現在ひろくおこなわれている「出版」にいたるまでに時代的な変遷がある。図書館では，江戸時代の刊本を多く所蔵するところも少なくない。ここでは「出版」について，日本ではどのような歴史をたどったかについて把握する。

キーワード

寺院版，活字印刷，製版，活版印刷

1　日本の本の最初

応神天皇のとき，百済から王仁が来国し，『論語』10巻と『千字文』とを持参したと伝えられている。こうした中国や朝鮮から入った仏書を中心とした図書（漢籍）を除いて，日本の図書の最初は何か。

現存する資料でいえば，8世紀初期に編纂された『古事記』『日本書紀』ということになる。それが書かれた当初のものが伝わってはおらず，それを書き写したものが伝わっている。

また，『古事記』『日本書紀』を編纂するうえで参考としたとされる『帝紀』や『旧辞』等や伝聖徳太子撰とされる『三経義疏』があったと考えられるが，現存していない。

『古事記』『日本書紀』は，国家的な内容で，とくに『日本書紀』は，公的記録であり，「六国史」のはじめとして，後世，尊重された。これらは「国史」として重要なものであるから伝えられたが，個人的なものゆえに，現在伝わら

「文部省編輯局印行之證」紙
明治期刊の教科書に貼られた。最初に伝来した漢籍『論語』『千字文』をデザインに使用

陀羅尼経をおさめた塔（筑波大学蔵）

なかった図書もあったかもしれない。

　現存するものでは，この他『万葉集』が古いものとして知られるが，主にそれらは貴族社会という狭い世界で享受されたため，あえて大量に印刷する必要はなかった。ごく幼少期などの例外はあるが，識字率がほぼ100％であったと考えられる貴族は，わざわざ大量生産の印刷物を使用するほどの数はいなかったため，人から人へと手書きの「写本」といわれる図書がやりとりされた。

2　日本の印刷の起源

　日本では764-770年にかけて，称徳天皇の発願により小木塔100万基がつくられ，その中には四種類の陀羅尼経がおさめられた。同じものを大量に必要とする場合は，印刷すると便利である。このときのものが，現存最古の印刷物といわれたこともある「百万塔陀羅尼経」である。ただし，「刷る」という作業が加わっていないから，完全な「印刷」ではないとする説もある。

3　寺院版

　狭い貴族社会では，図書は写本で伝えられた。少部数ならば，わざわざ印刷本を作成するよりも写本の作成のほうが容易であったからである。その一方で，ある程度の部数を必要とするところがあった。経済力のある寺院である。宗教の場であるとともに，教育機関，学問所としての性格ももっている。修行僧や学僧を多く抱えていれば，教科書類として仏典などの宗教書も多く必要であり，それらが印刷出版された。このころの印刷方法は，1枚の木の板に文字や絵などを逆さに彫って，そのうえに墨を塗り，用紙をあてて刷る「整版」である。

　平安時代末から鎌倉時代の古いものとして，主なものは次の4つである。

春日版	奈良興福寺で発刊
高野版	高野山金剛峯寺，その末寺で発刊
浄土教版	京都知恩院および同末の浄土系寺院で発刊
五山版	五山の禅僧が発刊

　このうち春日版について少々のべると，春日版は，鎌倉時代前期にさかんに刷られ，当時の出版事業では最大のものであったとされる。後の東大寺，西大寺など，奈良の諸寺の開版事業の動きに影響を与えたと考えられる。興福寺には板木が多く現存するが，現存する最古の年が記されたものは，1189（文治5）年から1195（建久6）年の刻銘をもつ『成唯識論述記』であり，ついで1209（承元3）年の『法華経』（普門品）である。

　なお，こうした平安時代から室町時代までに寺院を中心に印刷されていたものを，江戸時代のものと区別して「古版本」といったりもする。

　さて，鎌倉時代になり，中国（宋）より新仏教である禅宗とともに当時の最新の印刷技術が渡来僧・留学僧によってもたらされる。これにより寺院版も変わることになった。

　どのように変容したかといえば，ひとつは，形態が，それまでの巻子本・折本から，当時の中国最先端の形態とされる綴装本（和装本）への変化である。もちろんすべてが一瞬にして変わったわけでなく，どちらの形態もあった。

　いまひとつは，印刷方法を伝えた禅僧等がおこなった仏典以外の印刷である。

天竜寺・相国寺・南禅寺・東福寺・建仁寺という京都五山が中心となったため「五山版」と称される。

ただし，「五山版」といっても，京都五山だけでしかなされなかったのではない。鎌倉五山（建長寺・円覚寺ほか）をはじめ地方の禅宗寺院でも開版された。具体的には，各種漢籍（儒教教典・歴史書・文芸書等）の翻刻，いわゆる「和刻本」が刊行された。これは，漢学の素養の源となるものであり，修行僧の教養書として読まれた。当時の武士階級との付き合いにおいても必要とされたものである。

4　中世武士と出版

室町後期になると，戦乱などのために，京都での生活が困難になった公家や僧侶などの知識人のなかには，彼らを庇護してくれる地方の有力者のもとへ移住するものがあらわれる。これによって，京都の文化が地方におおいに伝播することになる。これにともない，印刷出版が地方においてもおこなわれる。はやくは，1364（正平19）年，泉州堺（現大阪府堺市）で開版された『論語集解』十巻（『正平版論語』）がある。しかし，地方出版で注目されるのは，1493（明応2）年以後刊行された周防国大内氏が開版した「大内版」であろう。大内氏の文化は，中世文化史で特記される地方文化である。

安土桃山時代となると，グーテンベルクが発明した西洋式印刷術（活版）（→60頁）がイエズス会の宣教師によってもたらされ，長崎や天草で「キリシタン版」が出版された。しかし，江戸時代になり，幕府のキリシタン禁制がなされるようになるとなくなる。

朝鮮ではすでに13世紀に活字を鋳造し，活版印刷が行われていたが，文禄・慶長の役のときに，諸大名が，朝鮮銅活字本，その制作のための銅活字，印刷道具などを持ち帰った。この銅活字を模倣して，木で作成された「木活字」により印刷がなされた。こうした出版物をとくに「古活字版」という。後陽成天皇や豊臣秀頼などが活字による出版を試みたが，徳川家康の事績が注目される。

徳川家康は，1599（慶長4）年に，木活字10万個を製作し，足利学校庠主の

閑堂元佶に賜い，1606（慶長11）年にかけて，木活字を用いて伏見において『貞観政要』など7点を出版させた。「伏見版」といわれるものである。1601（慶長6）年，伏見に円光寺を創建して元佶を開山とし，200余部の典籍を下賜，足利学校にならって学校を設立する。元佶及び円光寺歴代住持の旧蔵書は1906（明治39）年に購入されて，現在，国立国会図書館が所蔵している。

さらに，家康は，1615（元和元）年から翌年にかけて，駿府城でも銅活字を用いて『大蔵一覧集』『群書治要』を出版した。「駿河版」といわれるものである。なお駿河版で使用された銅活字は，紀州徳川家の所蔵となる。火災で多くが失われたが，残りは，現在，印刷博物館の所蔵となっている。国の重要文化財に指定されている。

なお，徳川将軍では，5代綱吉が儒学経典の注釈書を刊行しており，元禄年間（1688-1703）に刊行されたことから「元禄官板」とも，綱吉の院号によって「常憲院本」ともいわれる。

古活字版は，誰が出版したかとか，どこで出版されたかなどにより，名称がつけられる。豊臣秀頼の木活字版は「秀頼版」，上杉景勝の重臣直江兼続のものは「直江版」という。直江兼続は，1618（元和4）年，現在の山形県米沢に禅林寺を建て，禅林文庫を設けたことでも知られる。

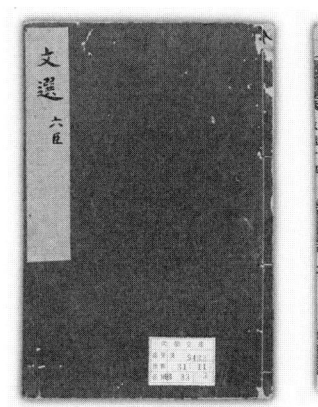

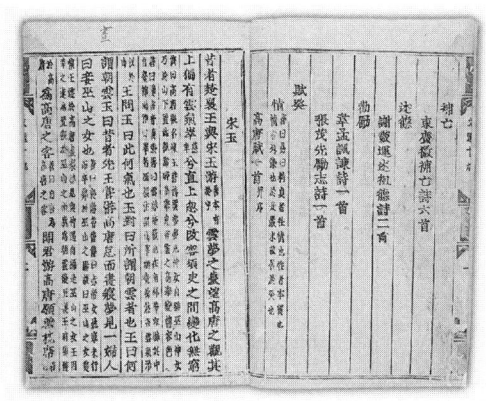

直江版

すでにのべたように「大内版」があったものの，寺院が出版の主たるところであったのが，戦国時代になると武士が主導することになり，出版による文化の担い手が変化することになる。

　金属活字にかわる木活字での印刷はさかんに行われたが，寛文年間（1661-1673）から，古くからの印刷方法「製版」が広くおこなわれるようになる。大量部数の需要があったからである。増刷まで予定していれば，製版のほうが経済的に印刷できた。

　しかし，完全に木活字印刷がおこなわれなくなったわけではない。少部数の印刷物の需要が高まる江戸時代末となると，再びさかんになり，明治時代の初めまでおこなわれる。現代の「オンデマンド」のようなものである。具体的には，新発田藩では，1780（安永9）年2月に，京都で木活字が調達され，同年に四書が開版されている。鈴木俊幸は

> 木活字印刷は，古活字の時代を過ぎると印刷文化の主流とはなりえなかった。しかし，初期投資の莫大な製版印刷を主体とした印刷では対応しきれないような間隙を埋めて，近世から近代初頭における文化を充実させる大きな役割を担っていた。木活字本の流行は，極めて多様で豊かなこの時代の文化状況を物語るものである。

とする（「近世活字版雑記」『中央大学図書館だより』第57号，2001年4月，pp. 1-3）。

5　嵯峨本と奈良絵本

　日本出版史上意匠的に最も素晴らしいもののひとつにあげられるのが「嵯峨本」もしくは「光悦本」と称される出版物である。出版地が嵯峨のあたりであるため嵯峨本といわれ，出版した者が，寛永の三筆の1人として，その字がすばらしいことで知られる本阿弥光悦らの町衆が出版したことにより光悦本といわれる。平仮名混じりの木活字や木版刷で印刷されたもので，江戸時代における民間出版（町版）の先駆をなすものと評価される。

　嵯峨本は，貴族たちが生産した流麗な字の写本が，刊本となったものだが，美しい絵巻物が，冊子形態の「奈良絵本」として多く生産されるようになるの

もこの頃である。江戸時代を通じて，一冊一冊が作成されるが，これが「丹緑本」といわれる出版物がなされる契機のひとつと考えられる。

6　江戸時代の出版

　江戸時代になると，戦争のための出費がなくなり，安定した社会のもとで経済が発展し，文化の担い手に町人を中心とした庶民層が加わることになる。これにより，書物の需要も増加することになる。幕府による出版の「官版」，藩による出版の「藩版」，須原屋茂兵衛や蔦屋重三郎などに代表される民間の本屋による出版の「町版」など出版がさかんに行われた。色刷りなど，その技術が進歩するだけでなく，その流通も進歩し，生業としての出版業（書肆）が成立していくことにもなる。

　ただし「町版」などは公的な許可を受けなければならなく，内容によっては写本で流布したものもある。また貸本屋でよく取り扱われた「実録物」といわれる歴史小説は写本であることが多かった。

　また許可を受けていないものには，限られた仲間のためにつくられた私家版もある。趣味の世界の本，たとえば俳諧の本などにみられる。これは俳諧仲間や知り合いに配られるなどしたもので，発行部数がさほど多いとは考えられず，しかも流通が限られている。全国的にはともかく，郷土資料として注目されるものが多い。

貸本屋

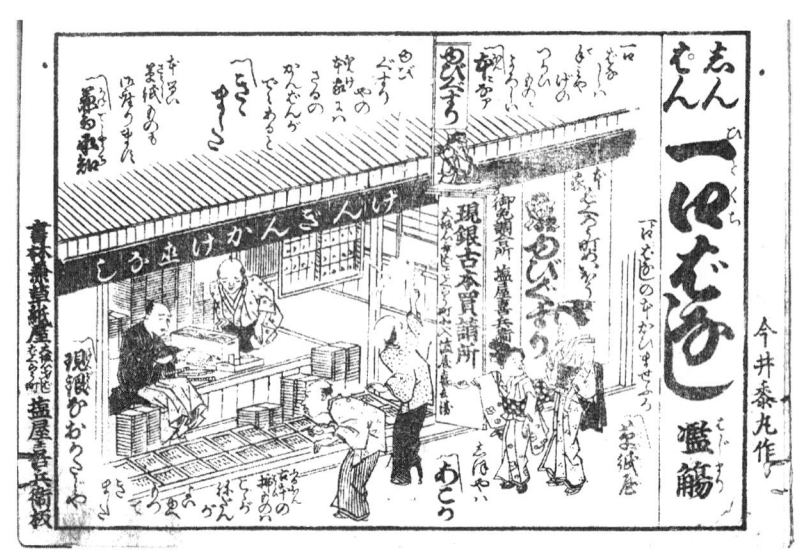

本屋の店先

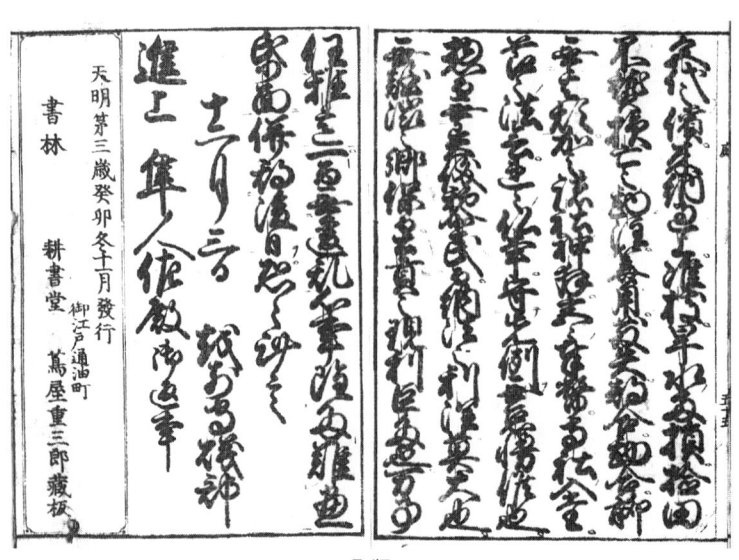

町版

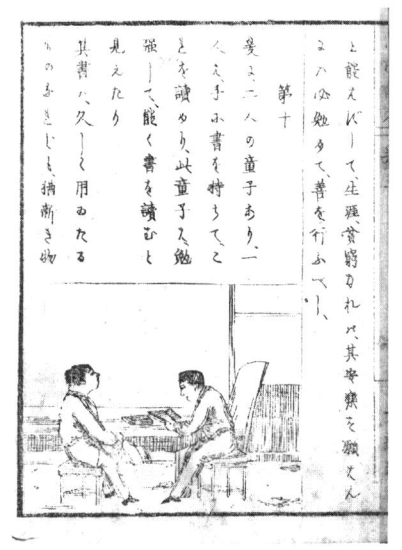

明治の教科書『小学読本』　　明治初期の教科書類を発行した集英堂店頭図

7　明治初期の出版

　明治初期の出版は，まだ木版であった。とくに注目される出版関連事のひとつは教科書である。1872（明治5）年に学制が布かれ，全国各地で小学校をつくることになる。そのために教科書が必要であったが，当時，教科書は東京だけでつくられていたため，需要に対応できず，政府は教科書の覆刻（翻刻），つまり，文部省の教科書通りに，各地でつくり直してよいという許可が出された。具体的には，文部省の教科書を解体し，1枚1枚を桜板に裏返してはって彫り，版木を作成し，印刷した。この教科書は，1887（明治20）年頃までに何万部という単位でつくられた。結果として，標準語が全国に行き渡ったとされている。

8　活版印刷

　1851-1852年頃，長崎のオランダ語通訳をしていた本木昌造らは，オランダ商船から購入した活字と自らが作成した活字とを使用して『蘭和通弁』を印行

した。本木は，アメリカ人技師ガンブルの指導を受けて，1870（明治3）年，金属活字製造の企業「活版製造所」を設立した。ただし，その技術は日本独自のものでなく，中国から導入された技術が基礎となっている。

矢作勝美は次の3点をあげている（『活字＝表現・記録・伝達する』出版ニュース社，1986年，p.227）。

活版伝習所跡の碑（長崎市立図書館横）

①活版組版の基本である活字の体系である概念

　　活字の大きさや，行間，字間の幅が体系化されることによって，複雑にして，多様な文字表現が可能になった。

②電胎法による母型の製作方法

　　電胎法によって，小型文字の製作が可能になった。

③明朝書体の模刻

　　毛筆を基調にした清調体や正階書体は，小型の活字に適応できず，活字が小型化していく趨勢に対応できなかったのに対し，明朝体はそれを可能にした。

明治期の洋装本と和装本の図

明治政府は，積極的に西洋文明を取り入れ，新式の印刷術を導入し，その技術は民間にも広まった。当時の印刷は，活版（凸版）だけでなく，ゼネフェルターが開発した石版，銅版（凹版）などによる印刷もおこなわれた。

しかし，木版刷りの印刷が完全になくなったわけでなく，歌集や句集などのなかには従来の木版のものが少なくない。たとえば俳諧の師匠の書いたものをそのまま木版刷にはできるが，活字はそうはいかない。師匠の筆跡，自らの筆跡などに価値を見いだす人たちがいた。しかし，それも写真製版の技術の普及とともに，ごく一部のものとなっていく。

　明治は過渡期ともいうべき時期であり，異なる印刷技術が平行しておこなわれていたように，紙に関しても洋紙と和紙とが，装訂に関しても洋装と和綴じが行われ，印刷は活版，料紙は洋紙，製本は和綴じといったこともおこなわれたのである。

kindle

　その後，1924（大正13）年には石井茂吉らによって「写真植字機」（写植機）が発明され，これが普及し，感熱紙やフィルムに文字を印字して版をつくる「写真植字」（写植）が活字にとってかわる。

　また1970年頃になると，写植機がコンピュータと組み合わされ，CTSといわれる電算植字システムが登場し，コンピュータ処理で組版がおこなわれるようになる。コンピュータの進化は，パソコンによって版下を作成するDTPと進展する。活字から電子によって出版されるようになったのである。

　2000年代になり「電子書籍」が普及しはじめ，利用者が増加している。

考えてみよう・調べてみよう
1. 江戸時代の出版業について書かれた図書には，どのようなものがあるか調べてみよう。
2. 江戸時代の出版物について書かれた図書には，どのようなものがあるか調べてみよう。
3. どのような電子出版がされているか調べてみよう。

読書案内

キリシタン版については，豊島正之編『キリシタンと出版』(八木書店，2013年)があり，附録に基本参考書一覧が載る。

電子書籍については，山田順『電子書籍の罠　出版大崩壊』(文春新書，2011年)など複数の新書が出版されている。菅原孝雄『本の透視図　その過去と未来』(国書刊行会，2012年)は電子書籍の可能性についてのべる。

第6章
図書・図書館の歴史：アジア

❏ 本章の要点

　最古の文明は，紀元前3000年ころ，メソポタミア，エジプト，インド，中国の大河の流域に生まれた。これらの文明は周辺地域にひろがるとともに，諸地域で独自の文化が育っていった。16世紀以降，世界各地域の交流が活発化し，近代化がはじまる。図書や図書館がアジアでどのように生まれていったか，また近代化が進むなか，第二次世界大戦がおこるまで，どのように変化していったかについてみていく。

キーワード

エブラ遺跡，アッシュールバニパル文庫，嘉則殿，トプカプ宮殿

1　メソポタミアの文書館

　メソポタミア文明で使用された記録メディアは「粘土板」である（→10頁）。それに書かれた内容は，初期のものは家畜や穀物など経済管理に関するものであり，いわゆる行政・経済文書である。行政・経済文書は，何か問題があったときの証拠にもなるなど，貴重な文書である。貴重なものが多くあれば，それを保管するために，特別な施設が必要となる。それが「文書館」であり，文書はそこに集積されていった。

　そして時を経るにしたがって，王国の発展とともに，政治をするにあたり必要なものが著され，それが集積されることになる。為政者にまつわる神話や王室の年代記，また宗教的な儀式の本や祭祀の暦，秘儀や魔術の書，死者の書，さらには実用的な数学書や医学書などの文書である。すなわち，紀元前2500年ごろになると王の事績を称える「王碑文」が増え，紀元前1500年ごろにな

ると，文学作品などが書かれるようになった。

　このころになると，それまで実用的なものであった「文字」が，何か人を動かす力のようなものをもつものととらえられるようになったようである。そうした「文字」で著されたものに価値を見いだすようになると，文学や占いなどを集めるようになる。また収集にとどまらず，集めた粘土板を編集して，あらたな粘土板を作成している。

　「文書館」は，いまの公文書館のようなものであったが，このような著述が加わることによって，いまの図書館のようなものになっていった。つまり時代が変化し，文字が書かれたものの内容や形態が変化し，図書となり，それにあわせて図書館が生まれ，成長していった。

　1975-76年，エブラで，紀元前3000年後期の王宮Gの文書庫が発掘される。エブラが攻撃されて放火され，それがそのまま遺跡となったため，ほぼ当時の様子のまま発見された。いつ攻撃されて焼かれたかが問題となっているが，アッカド朝のサルゴンによるものとされる。サルゴンは紀元前2400年後半に活動しているので，この文書庫もその頃のものとされる。約1万6,000枚の粘土板および断片が発掘され，復元作業の結果約2,500枚の粘土板であったと考えられている。それらの大半は行政・経済文書であり，神々の名を読み取ることができるものもある。また，王碑文や文学テキストは発見されていないとのことである。

　アッシュールバニパル文庫と呼ばれる，アッシリアの都ニネヴェの遺跡では，王宮の王座の裏側の通路に，2万枚とも4万枚ともいわれる粘土板文書が並べられていた。これは，エブラ遺跡が発掘されるまで「世界最初の図書館」ともいわれていた。現在，大英博物館には，アッシュールバニパルの図書館のものだけで約2万個の粘土板が保管されている。それが，全体のどの程度の割合かの詳細は不明であるが，その規模の大きさが推し量られる。ニネヴェでは，このほかにも図書館と呼びうる遺構が見つかっている。

　前田徹は以下のようにのべる（菊池徹夫編『文字の考古学Ⅰ』同成社，2003年，p.60）。

前2千年紀後半以降のメソポタミアにおいては，文字には何か神秘的なもの，過去の英知が宿っていると考えるような雰囲気が生まれ，この雰囲気があるからこそアッシリアの王たちはその最盛期，自分たちが全西アジアを支配した時期に，この文字に書かれた英知を集めねばならないという行動に駆られていったのである。

　政治をおこなう者たちによって，「英知の〈収集〉」がはかられ，図書館が創られた。図書館の歴史のうえでは，時間的に見れば，「英知の〈提供〉」が主である時代が来るまで，「英知の〈収集〉」が主である時代が長らく続くことになる。

2　中国　周・秦の時代

　周が殷を滅ぼしたのは，紀元前11世紀後半とされている。その後，紀元前770年に洛陽に遷都するまでを西周時代，以後，秦に滅ぼされるまでを東周時代とする。東周時代は，春秋時代，戦国時代に分けられる。戦国時代は，貴族制から官僚制に移行するとともに，学問が盛んになり，「諸子百家」といわれる多くの学者や学派が出現した。官僚制のもと行政文書が増加し，諸子百家などの著作など，戦国時代は，「竹簡」「木簡」の書籍が増加した時期である。これらを保管する部屋や建物を「図書室（館）」とみなすこともできよう。

　紀元前221年，秦の政王が中国を統一し，王の称号を皇帝に変え，はじめての皇帝，つまり始皇帝となる。始皇帝は，支配地域の文字が異なると行政上差し障りがあるので文字の統一をはかる。また言論統制も厳しく，政治批判した儒家たちを穴に生き埋めにし，書物を焼いた。「焚書坑儒」といわれ，中国の書籍の歴史のうえで「五厄」の最初にあげられるものである。ちなみに，日本では，明治政府が，方言では出身地が異なるとコミュニケーションがはかれないため「標準語」を制定して統一をはかり，また「新聞紙条例」や「讒謗律」の公布による弾圧という言論統制がおこなわれている。「繰り返される歴史」といえよう。

　159年，恒帝は蔵書が増えたため，図書の整理と目録の編纂をおこなう秘書

監役をおいた。

3　中国　隋・唐・宋の時代

589年，隋の文帝（楊堅）が中国を再統一する。文帝は，中央集権的律令体制を整備し，学科試験による官僚を採用する「選挙」をはじめ，これが後に「科挙」と呼ばれる。この試験のために必要とされる写本が多く生産された。また，文帝は，全国各地にあった書籍を収集し，宮廷の蔵書を充実させた。文帝の子煬帝も，書籍収集のほか，副本を作成するなどして蔵書を増やし，東都の観文殿の書庫など，西京と東都に数十カ所の書庫を設けた。西京の嘉則殿の蔵書は37万巻に達したという。また，その目録書も作成されるなどした。『宋史』（芸文志）に，歴代王朝の書籍は，秦ほど難にあったことがなく，隋ほど豊富であったことがない，と記されるほどであった。

煬帝は，大規模な土木事業によって民衆を酷使するなどしたため反乱が頻発し，暗殺された。煬帝の死後，その蔵書は焼かれるなどし，嘉則殿の蔵書37万巻も唐代初期には8万巻しか残っていなかったという。

618年，李淵（高祖）が唐を建国し，長安を都とする。木版印刷術の発明時期についてはさまざまな説が出されているが，唐の時代に始まったとする説が有力である。1900年に敦煌で発見された『金剛経』は，868年に印刷されたものである。刊年が印刷された最古の木版印刷物である。なお。1966年，韓国で発見された『無垢浄光大陀羅尼経』は，704年から751年の間に印刷されたものとされ，現存最古の印刷物と考えられている。

626年に即位した太宗は，教育事業を重視し，さまざまな学校が新設され，書籍の需要も高まった。その結果，出版業者も出現している。しかし，支配階級においては写本が主流であった。

歴代が書籍を集め，僖宗（在位873-888）のときには7万余巻の蔵書があったという。それも戦乱にあい消失や散逸した。また科挙制度により，個人でも多くの蔵書をもつ者が出てきたのもこの時代である。

907年，唐は朱全忠によって滅ぼされ，「五代十国時代」といわれる混乱期

に入る。この時代になると支配階級も儒教の経典を印刷するようになる。五代監本「九経」がそれである。これは，国家による出版事業の端緒となり，印刷本の権威を高めることになる。その結果，写本重視から印刷本重視に移行していくことになる。

　979年，宋の太宗によって統一される。宋は文治主義をとり，科挙が重視される。この時代の出版事業は，国も民間も盛んで，多くの書籍が生産されている。国子監で出版された書籍の版木は，「賃版銭」を納付すれば，民間業者が借り受けて出版することも可能であった。また民間業者が出版する書籍は，国に申請すれば保護され，「この本はすでに国に申請したものであり，この複製を許可しない」，といった旨の「版権」を示す記述がなされ，無断複製は罰せられた。

　宋は女真族の国「金」によって占領されたが，1127年，江南に逃れた高宗が南宋を建国し，宋の文化は受け継がれていく。

4　モンゴル帝国

　1206年，チンギス・ハンがモンゴル部族を統一，モンゴル帝国ができる。その子孫らが勢力を広げ，1258年，バグダッドのアッバース朝を滅ぼし，シルクロードの端から端までをおさめる。

　その後，チンギスの孫フビライのハン（王）位継承をめぐって内紛が起こり，4つに分裂した。フビライは，1271年，元に国号を改め，1279年には南宋を滅ぼし，中国を統一する。

　1040年頃，畢昇が膠と泥で素焼きの活字をつくったとされるが，注目されるのは，1312年頃，農学者王禎が木活字印刷を研究し，創始したとされることであろう。西洋に関心の深いものにとっては，後で述べるグーテンベルクの活版印刷術に注目しがちだが，文化史的には，ここでの発明が後々の印刷技術の起点という意味で重要である。

　また1230年頃，高麗で銅活字がつくられたとされ，1403年，王立の活字鋳造所が設立されている。

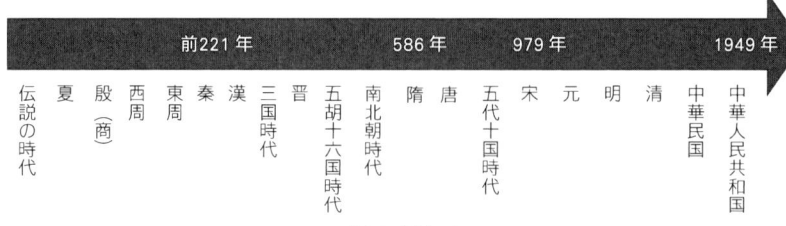

中国の略年表

5　イスラム

　メッカ出身のアラブ人マホメットがイスラム教を開いたのは，7世紀初頭とされる。イスラム教の寺院を「モスク」という。ここは礼拝する場であるとともに，イスラム教の聖典「コーラン」（クルアーン）を学ぶ場であり，さらには学習する場ともなる。ここに「コーラン」などの写本が集まり，図書館が形成されることになる。1965年，イエメンの首都サヌアの大モスクの修復の際に発見された保管室からは，7世紀のものも含む，コーランの写本の断片が約4万点発見されている。

　「最盛期」といわれる，オスマン朝，サファヴィー朝，ムガル朝の時代は，各王朝ともに豊かであり，王侯貴族がパトロンとなって書道家や装飾家の活動を支援したため，芸術性高い写本が製作された。また，装飾がほどこされるなどした付加価値をもつ写本は「宝物」であるとともに，その所持は，地位の象徴でもあった。サファヴィー朝第2代王タフマースブ1世（在位 1524-1576）が設けた宮廷写本工房では，書道家，紙職人，装訂家など，複数の専門の職人の分業体制で製作された。その質が，当時としては最高のものであったため，他の王朝も模倣につとめる。オスマン朝では，15世紀後半にメフメト2世の命により，イスタンブールのトプカプ宮殿内に写本工房が設けられ，写本が製作される。オスマン朝崩壊後の1924年，トプカプ宮殿は博物館となる。そこには王家の書物が2万点以上おさめられ，そのなかには，イスラム世界各地で書かれたコーランの写本が2,000点以上含まれる。これらは「宝物」として扱わ

れたと考えられるが，形態的には「書物」である。これらをおさめたトプカプ宮殿内の宝物庫は，書庫であり，王室図書館としてみなすことができよう。

　イスラム勢力があった地域は，東西文明の交差するところであり，多くの民族や文明を取り入れて，イスラム文化は発展した。813年，アル・マムン王がバグダッドに建てた「知識の家」には，アラビア語に翻訳されたギリシャ古典などが大量に所蔵され，1258年，モンゴル帝国に破壊されたときに，「蔵書の山がチグリス河，ユーフラテス河を埋め尽くした」といわれた。しかし，印刷の普及は遅かった。コーランの写本製作がさかんに行われ，その技術が発達したことが，新しい技術の普及を妨げた。ヨーロッパでは，1538年にすでにコーランが印刷されたが，カイロの印刷所でコーランがはじめて印刷されたのは1924年のことであった。

　なお8世紀半ば，サラセン帝国が，サマルカンドに連れて行った中国人捕虜のなかに製紙技術者がおり，紙の製造法が近東諸国に伝えられ，後にバグダッドで紙の製造がおこなわれたとされる。紙の製造法が伝えられることによってイスラム教徒たちの文化は長足の進歩をとげることができたとされる。

考えてみよう・調べてみよう
1. エブラ，ニネビィア以外に，どのような所で古代図書館の粘土板が発掘されたか調べてみよう。
2. 中国の図書について書かれたものには，どのようなものがあるか調べてみよう。
3. コーランについて書かれた図書には，どのようなものがあるか調べてみよう。

読書案内
呉建他著，沈麗云他訳『中国の図書館と図書館学：歴史と現在』（京都大学図書館情報学研究会，2009年）は，中国の古代から現代（2008年）までの図書館等について扱っている。巻末に付された「注・参考文献」は，中国で発行された文献やサイトを知るのによい。

箕輪成男『紙と羊皮紙・写本の社会史』（出版ニュース社，2004年）は，メソポタミア，エルサレム，バグダッドの図書についてのべる。

出版関連には，方厚枢著，前野昭吉訳『中国出版史咄』（新曜社，2002年），井上進『中国出版文化史―書物世界と知の風景』（名古屋大学出版会，2002年），米山寅太郎『図説中国印刷史』（汲古書院，2005年）がある。

大川玲子『コーランの世界　写本の歴史と美のすべて』(河出書房新社，2005年)は，写真が豊富で，イスラムの図書を知るのによい入門書。

第7章
図書・図書館の歴史：欧米

□本章の要点

図書や図書館がヨーロッパでどのように生まれていったか，また近代化がすすむなか，どのように変化していったかについてみていく。

また戦後の日本の図書館に多大な影響を与えたアメリカの図書館についてみていく。

キーワード

リュケイオン，アレクサンドリア図書館，ムセイオン，ペルガモン図書館，修道院図書館，ヴァチカン図書館，グーテンベルク，大英博物館図書館，イギリス図書館，マゼラン図書館，フランソワ・ミッテラン館，ボストン公共図書館，カーネギー，アメリカ図書館協会（ALA）

1　ギリシャ文化

紀元前8世紀頃，ギリシャでは，ポリスが形成されはじめ，これが市民共同体へと変化し，民主政治が生まれる。

西洋古典文学といえば，まずギリシャのものがあげられるほど，ギリシャの文学遺産は豊かなものである。二大叙事詩とされる「イリアス」「オデュッセイ」は，紀元前8世紀頃，ホメロスが著したものとされる。紀元前5世紀頃の三大悲劇詩人アイスキュロス，ソフォクレス，エウリピデスのギリシャ悲劇もある。特にエウリピデスの「メディア」は，今日よく使用される「メディア」という言葉の性格を知るうえで無視できない。

この他「科学的医学の祖」と称されるヒポクラテス，「歴史の父」と称されるヘロドトスなどもいる。ヘロドトスは『ペルシャ戦争史』を著し，「エジプ

トはナイルの賜物」とのべたことで知られる。

　また「ギリシャ哲学」という言葉があるように，偉大な哲学者が活躍した。「自然哲学の創始者」とされるタレース，「ピタゴラスの定理」で知られるピタゴラス，「人間は万物の尺度」と述べたプロタゴラスなどの活躍の後，知を愛するという意味である「フィロソフィー（哲学）」という言葉を創ったソクラテス，その弟子のプラトン，その弟子のアリストテレスが登場する。

　プラトン『パイドン』によれば，ソクラテスは文字に対して否定的で，文字を書かなかったとさえいわれている。しかし，ギリシャ哲学の発展は，記憶を助けるためではなく，知識を蓄えるために文字が使用されたことによるところが大きい。プラトンは「アカデミー」の語源となったアカデメイアという学園をたてる。アリストテレスは「リュケイオン」という学校を設立する。ここに図書館があったとされるが，くわしいことは不明である。しかし，図書館の歴史のうえでは，いわゆる「学校図書館」として注目されてきた。学問の進歩は，知識をまとめた図書をうむことになり，図書が多くなれば，それを管理する方法や施設をうむことになった。

　またギムナシオン（体育館）の付属図書室も少なからず発掘されている。

2　アレクサンドリア図書館

　紀元前338年には，バルカン半島北方にあった部族国家マケドニアのフィリッポス2世がギリシャのすべてのポリスを支配する。その息子がアレクサンドロス3世である。紀元前333年には，ペルシャ領であったシリア，エジプトを征服，紀元前330年には，アケメネス朝ペルシャを滅ぼす。アレクサンドロス3世は，東方遠征を終えてバビロンに戻ってまもなくの紀元前323年に没し，エジプトの都市アレクサンドリアに葬られる。

　この時代のことをあらわすために，近代の人が，「ギリシャ風の」という意味で「ヘレニズム」という言葉を創った。ヘレニズム時代の経済・文化の中心がアレクサンドリアであったのである。

　アレクサンドリア図書館は，図書館の歴史上，最も有名な図書館のひとつで

アレクサンドリア図書館

ある。その「伝説」というべきものは残っているが、しかし、その起源や歴史について書かれた古文献は残っておらず、まとまった遺跡も発見されていない。つまり、確かなことはわからないのであるが、歴史上の意義は高く、さまざまな考察等がおこなわれてきた。

　ヘレニズムの時代に入ると、紀元前3世紀プトレマイオス2世は、学芸の女神ミューズの神殿を意味する「ムセイオン」を設立した。現代的にいえば「学術研究センター」のようなものである。それに付属する施設として創設されたのが「アレクサンドリア図書館」である。紀元前48年、カエサルとプトレマイオス8世との戦火で一部が消失した。アントニオがその穴埋めに、ペルガモン図書館の書物を提供したという伝説がある。

　アレクサンドリア図書館は、図書を収集し、それを蓄積し、註など加工を施し、利用する、といった機能を持った。まだ印刷技術がない時代であるから、収集の仕方は本を写すことによった。「船舶版」「キオス版」「シノープ版」などと、いろいろと名づけられた写本群を持つほど、その収集政策は規模が大きく、その収集は多大なものであった。また単に本が写されるだけでなく、翻訳などが付け加えられた。さらには、蔵書管理のための目録だけでなく、図書館利用者のための目録も備えられていた。カリマコスが作成した「ピナケス」という目録は120巻にも及んだという。

　このように「西洋の学術図書館の原型」とまで評価されるにふさわしい図書館であり、図書館史上、忘れてはならない図書館のひとつである。

　さて、この他、紀元前2世紀アッタロス朝は、長くは続かなかったが、エウメネス2世はペルガモン図書館を創設した。蔵書は20万巻に及んだとされ

る。なお，この図書館に関して注目されるのは，羊皮紙（→18頁）のことである。敵対関係にあったエジプトが，この国にパピルスの輸出禁止をしたため，代用品として羊の皮を使用した。これが4世紀以降の書物の主流を占める羊皮紙本の起源となったともいわれる。

3　古代ローマ

　古代ローマ時代，まず知られるのは，ルクルス・スルラという将軍が，オリエントなどから戦利品として持ち帰った写本を飾ったとされる個人図書館である。またカエサルは公開図書館を建設しようとしたが，紀元前44年に暗殺されてしまう。しかし，カエサルと親しかったアシニウス・ポリオが，自由神殿のなかに図書館を設置した。以後，ローマ皇帝は，いわばローマの「市民サービス」として公共的な図書館を建設した。アウグストゥス帝のオクタヴィア図書館，トラヤヌス帝のウルピア図書館，ハドリアヌス帝のアテネの図書館，コンスタティウス帝の帝室図書館などである。これを担当する図書館行政官も，遅くとも紀元前2世紀には確立されていた。

　なお，小林雅夫は以下のように指摘する（『古代ローマの人々　家族・教師・医師』早稲田大学，2005年，p.136）。

　　知識や技術を医療の現場で実演や口頭で伝授するこの教育方法は，古代世界では書物に直接触れることが非常に限られていたことからも必要であった。書物を書き写すことに多くの苦労と経費が必要な世界では，重要な医学文献を入手できたのは富裕者だけであり，しかもかれらでさえ，特に大都市あるいは大都市周辺に居住していなかった場合には，そういった著作に触れることは困難であった。その結果，テキスト不足は大図書館，特にアレクサンドリア，ペルガモン，アテナイ，ローマ，エフィソスの図書館の重要性を高めたのである。

　また，この時代に書籍業者が登場する。アッティクス，ゾシー，ヴァレリアヌスなどである。それだけ書籍の需要があったのであり，私文庫も，文人キケロ，博学者ヴァロ，哲学者セネカ，医師サモニケスなどのものが知られる。

4　キリスト教と図書館

　メソポタミアの遊牧民であったヘブライ人は，紀元前1500年頃，パレスチナに定住した。パレスチナでは，ユダヤ教が信仰を集めていた。戒律を重視しがちのなかで，イエスが登場し，彼が説く「福音」は，弱く貧しい者たちを救済する内容であったため，民衆の支持を得る。

　イエスの12人の弟子である「十二使徒」が，後の初代ローマ法王になるペテロを中心に伝道につとめ，ギリシャ諸都市やローマにまで教会がつくられるほど広まっていく。キリスト教徒は，はじめユダヤ人がほとんどであった。神は，ユダヤ人と旧い契約（旧約）を廃して，イエスを遣わして全人類と新しい契約（新約）を交わしたと考えたため，ユダヤ教の『旧約聖書』と使徒らの『新約聖書』が，キリスト教の聖典となる。

　「聖書」を意味する「バイブル」の語源は，ギリシャ語の「ビブロス」であり，これは「パピルス」による。イスラムの聖典「コーラン」はもともと「読誦されるもの」という意味で口頭で伝えられるメッセージであるのと対照的に，「聖書」はまさに書かれた物であることが重要なのである。

　ネロ帝やディオクレティアヌス帝はキリスト教徒に大迫害を加えるが，313年，ローマ皇帝コンスタンチヌス１世のミラノ勅令発布により，キリスト教の信仰・伝導が許された。そのことにより，その関係の施設が設けられた。そのなかに修道院図書館，大学図書館がある。またコンスタンチヌス１世も皇帝大図書館を設け，キリスト教，法律，歴史の文献を多く収集し，それは東ローマ帝国滅亡まで維持されたとされる。

　初期のキリスト教の教父たちのなかには私文庫を持っていたものがいた。それが個人的なものでなくなったのは，6世紀以降共住生活を営む聖アウグスティヌス会や聖ベネディクト会など修道院が発達したことによる。

　「聖書」や「典礼書」は，修道院の人々にとって，読み捨てにされる消耗品ではなく，繰り返して読まれる，精神的に，実用的に必要不可欠なものである。だからこそ，修道院においては，知的労働（読書）と肉体労働（写本づくり）が義務化された。修道院は学問所でもあったのである。貴重な書物は大切に保管さ

れた。蔵書数は多くて500-600冊と量的には多くないが，モンテ・カッシーノ，リュクスイユ，ボッビオ，ザンクト・ガレン，フルダなどヨーロッパ各地に建設された意義は大きい。

　さて，その後，官吏や司祭が必要となり，その養成のための職能教育が，宮廷付属学院や司教座聖堂付属学校，修道院付属学校で行われるようになる。

5　ゲルマン民族の国

　ゲルマン民族が大移動し，ゲルマン人が建国したなかでは，東ゴート王国とフランク王国が強国であった。555年，東ゴート王国はビザンツ帝国に征服される。フランク王国は分裂・統一を繰り返すが，カール大帝が統一する。800年には，ローマ法王がカール大帝にローマ皇帝の冠を授け，「西ローマ帝国の皇帝」と認めた。以後，ギリシャ・ローマ文化，ゲルマン文化，キリスト教文化が融合し，中世ヨーロッパ文明の幕開けとなる。

　カール大帝死後，分割相続され，それが今日のフランス，イタリア，ドイツとなっていく。

　12世紀頃になると，地域社会での必要に応じて大学が生まれてくる。

　まず11世紀末，自治都市ボローニャではボローニャ大学法学部が生まれる。商業活動が盛んであったことが背景にある。また，12世紀には，パリ司教座聖堂からパリ大学神学部が生まれる。

　中世の大学での学習は，テキストほか文献を必要とした。そのため写本を生業とする書士も誕生した。また，その指定テキストなどを購入するための書籍商も大学周辺にあったが，借用するための図書館もまた大学に不可欠であった。13世紀になると，ソルボンヌ学寮の図書館をモデルとして，オックスフォード，ケ

ヴァチカン図書館

ンブリッジで学寮図書館が成されることになる。

そして中世末には，挿図や映画によくみられる，書見台方式や重要な図書を鎖に繋ぐ，いわゆる「鎖に繋がれた図書館」が，図書館でみられるようになるのである。

なお15世紀，図書収集家として知られるニコラウス5世が設置したヴァチカン図書館が，聖職者と学者が利用する，いわば「専門図書館」として注目される。

6 ルネサンス

近世のヨーロッパ文明の発端とされるものは次の3つである。
- ルネサンス
- 地理上の発見
- 宗教改革

以下これらについて述べる。カトリック教会が大きな力を持っていた中世は，「神」と「来世」が思想の中心であった。ルネサンス（再生）とは，再び「人」と「現世」を中心に据えることである。それは，ダ・ヴィンチ，ミケランジェロ，ラファエロという，後に「ルネサンス三大巨匠」と称される芸術家をうむ。

ルネサンスは，具体的には，13世紀末，イタリアの都市国家を中心に始まった，ギリシャやローマの古典を中心とする文芸復興運動のことである。それが結果として各国の「国語」を確立することになる。それまでのヨーロッパでは，ラテン語が主であったが，ダンテの『神曲』はイタリアの俗語で書かれた。その後，ヨーロッパ各国で，その国の人を読者対象とする文学が，その国の言葉で書かれるようになり，言語が整理され，今日のそれぞれの国の「国語」となっていく。

キリスト教会のなかには，腐敗し，堕落したものもあったため，中世にもそれを批判する動きはあったが，ルネサンスを契機として，それが大きな動きとなる。具体的には，神と信徒の間に存在する，カトリック教会の独占的な権威を否定した。

1517年，ドイツの修道士・神学教授ルターは，法王レオ10世が発行したサン・ピエトロ聖堂修築資金のための免罪符を批判し，反響を呼ぶ。ドイツでは次第に支持され，「ルター派」を形成する。ローマ皇帝カール5世は，はじめルター派を黙認，後に禁止する。これにルター派が抗議したため，新教徒を「プロテスタント（抗議する者）」というようになる。

　なおルターの思想の伝播に印刷書籍の果たした役割は大きい。森田安一によれば，ドイツでは

　1510-1517年に出版された書籍1,710種のうち39.4%が宗教書

　1518-1520年に出版された書籍1,680種のうち61.6%が宗教書

であり，増加した宗教書の54.7%がルターの著作であるとする。そして以下のように述べる（『ルターの首引き猫　木版画で読む宗教改革』山川出版社，1993年，p.24）。

　　こうした数値から判断するかぎり，ルターの思想が印刷書籍を通じて伝播
　　したことは疑いをはさむ余地なく，「書籍印刷なくして，宗教改革なし」
　　という表現は誇張ではないといえよう。

　このように宗教改革に大きな影響を与えた書籍の印刷術はグーテンベルクによるものである。

7　グーテンベルクの活版印刷術

　15世紀，グーテンベルクの活版印刷術が発明される。グーテンベルクの開発した技術ではじめて印刷された本は，1455年の『四十二行聖書』と称されるものである。1段42行の2段組であったことによる。イニシャルと称される，章や節のはじめにくる単語の1字めの特大の飾り文字の部分，章の番号など，写本で朱書される部分，文様などは手書きであった。写本と同じようなものをつくることをめざしたためである。しかし，活版印刷術の普及につれて，印刷が主流になっていく。

　図書の所有者は，初期には権力や富をもった王や貴族など個人であったが，中世になり，修道院や大学という集団のものとなる。このおりは，宗教，学問

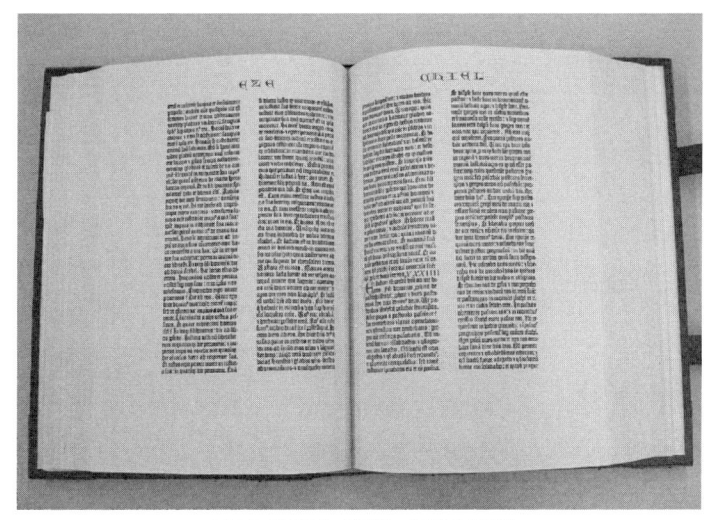

四十二行聖書（複製・筑波大学蔵）

という共通の基盤があったが，活版印刷術により，図書が一般のものとなると，それぞれの民族文化のなかで図書のありようも分化していく。また図書が大量生産されるようになると，個人の私的文庫といったところでは管理できなくなり，公共図書館，それも国立図書館の必要性が出てくる。そのことは，いわゆる参考図書がこの時期に多く著されたことでもうかがえる。

8　ヨーロッパの王・諸公の図書館

　宗教改革によって，修道院や大学が衰退する一方，王や諸公が栄えたため，彼らが次のような豪華な図書館を建てる。これら図書館の司書であった，ニッコーリ，ラスカリス，ビュデ，ブロティウス，ジェームスなどは，王侯の文化参謀としての活動も注目される。各国の主な図書館を以下にあげる。

イタリア	マルティアーナ図書館
	ラウレンツィアーナ図書館
	アンブロジアナ図書館
スペイン	エスコリアル図書館
フランス	フォンテーヌブロー王室図書館
ドイツ	ミュンヘン大公図書館
	ウィーン宮廷図書館
イギリス	ボドリ図書館

9 イギリス

　イギリスにおいては，キリスト教の聖職者やその信者の寄付による図書館が，1586年，ノリッジにつくられている。なお，この地には，1656年，会員制図書館ができている。会員制図書館は，18世紀になると，かなり普及する。1841年には最大の会員制図書館とされるロンドン図書館が創設されていることは，イギリスの図書館史においては注目される。

　17世紀の前半になると，教区立無料図書館や教区民図書館を設けた国教会の活動がとくに注目される。そして17世紀末になると，ブレイが登場し，教区図書館を提唱，その考え方は教会関係組織に継承され，1709年成立の教区図書館維持法となり，イギリスではじめての図書館立法となった。

　図書館は学校の設立と密接な関係にあるが，イギリスにおいても，1583年にエジンバラ大学が設置され，それにともなって図書館も設けられた。その後，18世紀後半になると，バーミンガム，マンチェスター，リバプール，シェフィールドに大学が創設されるとともに，図書館も設置されている。また，19世紀中頃には，職工学校が約700あり，そこにも図書館が設置されている。

　宗教や学校以外としては，為政者など権力者が図書館にかかわることが多い。イギリスにおいても王立図書館があったが，17世紀後半に，デュリーが王立図書館の改善に取り組み，マンチェスターに，研究者のための鎖付参考図書館が開設されている。

　また，すでに1661年，書籍販売商カークマンは貸本屋を開いているが，18

英国博物館図書館

世紀には貸本屋が増加した。19世紀中頃には、ムーディーズ図書館が貸本屋としては最大規模であった。

17世紀末、カークウッドは町で運営する図書館「タウン・ライブラリー」を提唱し、その後、1850年に公共図書館法が成立する。公開、公費負担、無料など、民衆のための図書館設置の財政措置を規定した、世界最初の法律とされる。

また1753年創設の大英博物館図書館は、1759年に開館する。後に館長となったパニッツィは、アルファベット順の目録の採用、目録規則の制定、閲覧室と書庫の分離、円形大閲覧室の設置などを行い、その業績は高い評価にあたいする。なお、1902年、新聞資料がヘンドンに移され、1932年、新聞図書館が設立されている。

1837年にはビクトリア・アルバート博物館図書館が整備され、1843年新設の科学博物館に、1851年、万博の利益で科学図書館が付設された。1855年に特許局図書館、1881年に国立盲人図書館、1882年に国立科学博物館図書館が設立されている。

1877年、イギリス図書館協会(Library Asociation:LA)が設置され、図書館の

リヴァプール公共図書館

基盤ができていき，1900年代前半，国立中央図書館どが設立されるとともに，「アダムス報告」「ケニヨン報告」「マッコルビン報告」といった図書館に関する報告書がなされ，全国及び地域のネットワークの必要性が説かれる。

　1972年のイギリス図書館法（British Library Act）により，1973年，大英博物館図書館，国立中央図書館など国立図書館が統合され，イギリス図書館（British Library）が設立される。現在，ロンドンのセント・パンクラスにある図書館，コリンデールにある新聞図書館，ボストン・スパにある文献提供センターの三カ所でサービスがおこなわれている。業務上，国の中心部にあったほうがよい図書館と，そうでなくてよい文献提供センターにわけての図書館運営方法は，他国に影響を与えた。

10　フランス

　1643年，マザラン図書館がノーデによって創建される。フロンドの乱のため蔵書など一端は散逸するが，1661年，マザラン学院図書館として再建される。王室図書館は，フランス・ルネサンス期に，フランソワ1世によって基礎的なものがなされた。18世紀初頭ビニョンが文庫長のときには国内最大の図書館となっている。フランス革命前には刊本15万冊を所蔵していたという。そこでは，写本部，刊本部，系図称号部，版画部の部門が確立されていた。

フランス帝国図書館

　その他，パリには，ソルボンヌ図書館，医学部図書館，サント・ジュヌヴィエーヴ修道院図書館などに代表される修道院図書館などがあった。12万冊を所蔵していたとされるアルトワ伯爵の私文庫など，多数の私文庫もまた存在していた。

　フランス革命は，こうした図書館のありようを一変させた。修道院図書館などの大量の図書群が国有財産となり，新体制下の「国民」教育の教育手段として利用された。一時期各地に設けられた文献保管所が管理していたが，これらを再編し，学術図書館，行政機関の図書館がつくられた。さらには全国的に市立図書館がつくられた。

　パリでは，国立図書館が，文献保管所から25-30万冊の刊本を得ている。また写本に関しては優先権を与えられたため，多大な蔵書になった。

　またこの図書館には，1795年創設の東洋語学校，1821年創設の古文書学校が付設された。

　マザラン図書館，サント・ジュヌヴィエーヴ図書館（一時期「パンテオン図書館」と称された），アルスナル図書館などが学術図書館として継続するとともに，国民公会（今日の下院）図書館，破毀院（最高裁判所）図書館，会計院図書館なども新しく編成されている。

第7章　図書・図書館の歴史：欧米　　65

パリに対して地方では，革命による没収図書は，1795年，中等教育機関である中央学校が管轄することになったが，中央学校が廃止されるに及び，1803年，中央学校図書館および文献保管所の旧蔵書は市町村の管轄となった。この旧蔵書を核にした市立図書館がつくられた。

　1839年になると，王立図書館－パリ学術図書館－市町村立公共図書館－大学等図書館の全国図書館網の組織化に関する王令が出された。これによって，中央集権的組織が確立することになる。またそれにともない，図書館の管轄は内務省から公教育省に移ることになった。

　こうした複数の図書館の組織化に関連するが，1926年に，パリの学術図書館，アルスナル，サント・ジュヌヴィエーヴ図書館，マザラン図書館を統合するという，パリ国立図書館連合が考えられている。

　さて1921年になると，『フランス全国書誌』に納本図書番号が記載されるようになった。その関連で国立図書館は書誌の国内センターとしての役割を強めることになる。

　またカーンは，オペラ座図書館，国立音楽院図書館を併合した。音楽部部門の創設（1935年），国際交換課の設置（1936年），さらにはソルボンヌ図書館との共同企画である『雑誌総合目録』（1933年）の作業にもとりかかっている。

　フランスの民衆図書館運動は，初等教育や労働者教育との関連で起こってきたとものとされる。

　まず印刷工であったジラールは「教育友の会」を設立し，パリ3区に民衆図書館を開き，さらに「フランクラン協会」を設立した。ルランの開設した学校区図書館は，全国的な広まりを見せる。1866年にはジャン・マセが町村立の図書館を推進，「教育連盟」をつくり図書館の組織化をはかる。さらに20世紀に入ると，モレルがイギリス・アメリカの公共図書館運動を理念とする公共図書館論を展開した。

　第2次世界大戦後は，文部省下に図書館・公読書局が設置される。その局長は国立図書館館長が兼任した。図書館の指揮系統は後に文化・情報局と大学省（1981年廃止，文部省に統合）の2つの組織のもとに所属したため，その運営が統

一的ではなかったが，戦後図書館局が設置されたことによって，一元的な図書館対策がとられるようになった。

また，戦後，国は「貸出中央図書館」の組織をつくることによって，図書館がまだ設置されていない地域へのサービスという図書館活動を展開した。1968年以降は，市立図書館も，一般へのサービスを重要視し，アニマシオン活動（文化推進活動）が展開される。

1977年に開館されたポンピドーセンターは，いわば総合芸術文化センターで，この開館以後，公共図書館は図書や雑誌にとどまらず音響資料や映像資料も多く扱いミックスするようになり，メディアテーク（mediatheque）と称されるようになる。1986年には，ラ・ヴィレット科学都市にメディアテックが設立されている。

1994年，フランソワ・ミッテラン館が建設され，フランス国立図書館は，ここを本館として，以前からある旧館とあわせて運営されている。

11　ドイツ

ドイツの図書館史で注目されるのは，1850年ベルリンに開設された4館である。公的資金によるもので，最初の公共図書館といってよいだろう。それは下層民衆のための慈善的民衆図書館であったとされる。

その後，1914年にライプチヒ司書養成規定が制定され，1916年にはプロイセン文化省公共図書館局内で養成課程が開設される。さらに1917年にはザクセンの試験規定が制定される。このように司書といった図書館関係の職が社会的に認められていく。

また，図書館関係団体が創立，図書館員養成学校が設立され，1930年には「プロイセン図書館員試験規定」が制定される。これは戦後まで適用された。

ドイツの図書館文化史において最も大きな事件のひとつは，アドルフ・ヒトラーがとった政策，いわゆる「非ドイツ的」と判断された書物の焚書であろう。1933年に，政権を掌握したアドルフ・ヒトラーは，帝国図書院を設置，「有害不良図書リスト」を作成した。戦時中は，州民衆図書館課が図書館を指導，宣

伝活動や野戦病院への図書の提供をおこなった。

現在，ドイツの国立図書館は，資料保存・管理を中心とするライプチヒ図書館，全国書誌の作成などをおこなうフランクフルト図書館，音楽資料を扱うベルリン音楽図書館の三館で運営されている。

ドイツの図書館史で注目されるのは，1850年ベルリンに開設された4館である。公的資金によるもので，最初の公共図書館といってよいだろう。それは下層民衆のための慈善的民衆図書館であったとされる。

12　北欧の図書館

北欧諸国の図書館では，情報格差の改善や移民などマイノリティに配慮したサービスを積極的におこなっている。また，生涯学習の場として図書館が認知されている。

デンマークは北欧諸国のなかで最も成熟した図書館制度を持つ国といわれている。デンマークの公共図書館の特徴として以下のものがある。

- 図書館間のネットワークが整備され，居住区がどこであっても平等な図書館サービスを受けることができる
- 公共図書館が公的サービスとして確固たる位置づけを持ち，図書館サービスの公的財源と専門職制を揺ぎないものにしていること，さらに市民がそのことを支持していること
- デンマークの図書館法は1920年に制定されて以来，定期的に改正され，同法に厳密に沿って実際の活動が展開されていること

デンマークでは，すべての図書館サービスは住民の「情報への平等なアクセス」という理念に基づいている。この理念を実現するために，情報のアクセスに相対的に不利益を被っている社会的・文化的・民族的マイノリティに配慮したサービスを常に実施し，マジョリティ中心になりがちなサービスのバランスを保ち，情報アクセスの平等性を確保しようと努めている。

スウェーデンの公共図書館の源流は，1800年代の半ばに活発になった各種の国民運動にみられ，他の北欧諸国同様，民主主義の理念，とくに生涯学習を

支える機関として，その歴史は長い。北欧の中ではスウェーデンのみ，国としての図書館政策を有していない。したがって図書館活動は主として，コミューン（自治市，以下コミューン）の責任で運営されるのであるが，コミューンの大きさ，政治家の関心度，そして図書館員の教育レベル等により，コミューン間に図書館の質の違いが生じてしまう。唯一全国共通の規定といえば，1996年に制定され，2005年に改正された図書館法である。図書館法は難民や少数民族に対し，スウェーデン語以外の言語で資料を提供することを義務付けている。

フィンランドの図書館は19世紀以降,「教養ある一般市民を育てたい」という理想を掲げてきた。マルチメディアが装備された公共の居間として活用されている。そればかりではない。図書館は最近，屋外活動にも積極的に乗り出した。

19世紀以降,「教養ある一般市民を育てたい」という理想を掲げて歩んできたフィンランドの図書館。フィンランド人は世界で最も教養を身に着けた市民となり，目標も既に達成されたといえよう。フィンランドの法律は，図書館のサービスが地方自治体によって維持されること，そして無償で利用者に提供されることを保障している。

ノルウェーでは，国の機関として2003年にABM開発（ABM-utvikling）が発足し，時代にあった文化サービス提供を指導するとして公共図書館，大学図書館，学校図書館，専門図書館のサポートに当たっている。ABM開発は2006年に，2014年を目標にノルウェー国内の図書館は，公共，専門，学校各種図書の垣根を越えた「ノルウェー図書館」と称するネットワークを形成するという図書館改革構想を打ち出した。

近年の移民人口の増加にともない，移民の背景を持つ公共図書館利用者が増え続けている。これを反映し，図書館予算減少傾向の中で，多言語図書館の予算は増額されている。図書館は文化政策の一端を担っており，移民がノルウェー社会に溶け込んでいくために，多言語による図書館サービスは重視されている。

13 アメリカ

　ヨーロッパのような図書館の歴史・伝統を持たないアメリカは，そうしたものに束縛されない図書館づくりを志向し，その図書館のありようは，第2次世界大戦後，日本の図書館界に大きな影響を与えている。とくに現代の日本の公共図書館とのかかわりでいえば，最も注目すべきがアメリカといってよい。以下その歴史をおってみる。

　ヨーロッパと同じように，図書館ができる以前は，個人蔵書が貸し出されていた。アメリカでは植民地時代初期において，牧師が個人蔵書を提供していたが，1636年，植民地で最初の大学であるハーバード大学が創設される。その図書館も，牧師であったハーバードの約300冊の本をもとにしてつくられたものである。18世紀初めには，牧師のトーマス・ブレイが，植民地全体に約70の図書館を建設している。また1810-20年頃，日曜学校図書館が開設されていた。19世紀初めには，キリスト教青年会(YMCA)やキリスト教婦人禁酒同盟(WCTU)などが運営する図書館も活動する。このように図書館文化史においてキリスト教関係者や団体は看過できない。

　さて，1656年，商人ケインは，蔵書を含めた，自ら成した資産をボストンの町に贈り，市場，役所，図書館の複合施設の建設を託した。その図書館は町のものになった。

　また，会員制図書館もつくられる。1731年，ベンジャミン・フランクリンが設置したフィラデルフィア図書館会社である。その後，1747年にコネチカット州にダーラム図書会社，ローアイランド州にレッドウッド図書館が建てられている。

　19世紀になると，貸本屋，消防団，旅館などの組織や団体にも会員制図書館，いわゆるソーシャル・ライブラリーが設置され，その数は相当数にのぼったとされる。また各地に文芸クラブが組織された。たとえばボストン文芸同好会は，1806年に閲覧室を開くなどしており，こうした文芸クラブは図書館サービスの提供もした。

　1820年にアメリカで最初の商業図書館が創設される。ニューヨーク商業図

書館協会が開いた図書館である。その他，労働者階級の人々のため，職工図書館や徒弟図書館が開設された。これらの図書館は，南北戦争後，無料公共図書館にとってかわられることになる。

またジェイムス・ワズワースが学校区図書館を創始する。これが全国的に展開される。

アメリカの最初の公共図書館とされることがあるのが，1834年，ニュー・ハンプシャー州ピーターバラで設置された図書館である。

1848年に，マサチューセッツ州は，ボストン市に対して公共図書館のための課税を認める州法を制定し，ボストン公共図書館は1854年に開館される。

① 法で制定されている
② 税を財源としている
③ 市民に開かれている

以上のことから，1850-60年代に建設された初期公共図書館の直接的モデルとなったとされる。そのありようは，エドワード・エヴァレットとジョージ・ティクナの間での議論によるところが大きい。図書館史上最も注目される図書館のひとつである。

その後，1881年から1919年にかけて，カーネギーが1,679館の公共図書館を寄付するなどしており，アメリカの公共図書館は急速に拡大した。1956年には，図書館サービス法が成立し，連邦政府は公共図書館の整備に取り組んでいる。

大学の図書館について述べると，多くの大学が新設されたが，施設として恵まれていたとはいいがたく，独立した建物の図書館を持ったのは，1841年に建設されたサウスカロライナ大学である。しかし，19世紀後半にもなると，多くの高等教育機関が新設されたのにともなって，大学は研究機能がとくに重視されるようになった。研究支援のため重要な機関である図書館は「大学の心臓部」(the heart of the university)といわれたりもする。また1965年に制定された初等中等教育法，高等教育法により，学校図書館，大学図書館にも連邦資金が投入されている。

1800年,今日では世界最大の議会図書館が,法により設置された。購入,著作権法のもとでの受入れなどにより,膨大なコレクションとなっている。

軍医総監室所蔵の医学書をもとに,1830年代に起源を持つ国立医学図書館(NLM)は,議会図書館が国立図書館として機能しているのに対し,連邦レベルの図書館として機能しているとされる。

1876年,アメリカ図書館協会(ALA)が設立された。近代的な意味での図書館専門職が誕生したと評価されている。

2013年4月,ALAはアメリカの図書館界の概況をまとめた報告書"State Of America's Libraries Report"の2013年版を公表した。要約部分では,求職者や起業家へのサービス等の図書館のコミュニティにおける役割,財政難による学校図書館の悲観的な見通し,電子書籍の増加にともなう図書館でのデジタルコンテンツ利用に関する論争など,本編では,「公共図書館」「電子書籍と著作権問題」「学校図書館」「大学図書館」「ソーシャルネットワーキング」などのテーマごとに状況がまとめられている。

考えてみよう・調べてみよう
1. 図書館の文化史についての学術雑誌に『図書館文化史研究』がある。この雑誌掲載論文にとりあげられた欧米の図書館には,どのようものがあるか調べてみよう。
2. アレクサンドリア図書館について,次の【読書案内】であげたものを参考にして,調べてみよう。
3. 「ボストン市立図書館」の歴史を記した図書に,どのようなものがあるか調べてみよう。

読書案内

ヨーロッパの図書については,貴田庄『西洋の書物工房 ロゼッタ・ストーンからモロッコ革の本まで』(芳賀書店,2000年)がある。

グーテンベルク関連では,入門書として,マイケル・ポラード著,松村佐知子訳『伝記 世界を変えた人々15 グーテンベルク』(偕成社,1994年),戸叶勝也『グーテンベルク』(清水書院,1997年)がある。他に高宮利行『グーテンベルクの謎』(岩波書店,1998年),ジョン・マン著,田村勝省訳『グーテンベルクの時代 印刷術が変えた世界』(原書房,2006年)がある。

L・カッソ著,新海邦治訳『図書館の誕生 古代オリエントからローマへ』(刀水書房,2007年。

刀水歴史全書 76) は，ギリシャ・ローマ世界の図書館について詳しい。

アレクサンドリア図書館については，ルチャーノ・カンフォラ著，竹山博英訳『アレクサンドリア図書館の謎』(工作舎，1999 年)，デレク・フラワー著，柴田和雄訳『知識の灯台―古代アレクサンドリアの図書館の物語―』柏書房，2003 年) などがある。この他，箕輪成男『パピルスが伝えた文明ギリシア・ローマの本屋たち』(出版ニュース社，2002 年) やマシュー・バトルズ著，白須英子訳『図書館の興亡　古代アレクサンドリアから現代まで』(草思社，2004 年) においても取り上げられる。

スチュアート・A・P・マレー著，日暮雅通訳『図説　図書館の歴史』(原書房，2011 年) は，理解を助ける「図」が豊富で，日本語訳も読みやすい。かなりの頁をアメリカに費やしているが，「付録」の「世界の図書館」で現代の主な図書館について知ることができる。世界の図書館について学ぶのによい。『世界の夢の図書館』(エクスナレッジ，2014 年) も「写真」が豊富で学ぶのによい。

フランスの図書館については，赤星隆子『フランス近代図書館の成立』(理想社，2002 年) が有益である。なお日仏図書館情報学会が発行する『日仏図書館情報研究』は最新の情報を得るのに有益である。このほか，小林宏『図書館・日仏の出会い』(日本図書館協会，2004 年) がある。M. ブラン＝モンマイユール他著，松本栄寿訳『フランスの博物館と図書館』(玉川大学出版部，2003 年) は，16 名の執筆からなるため，フランスの図書館史としては断片的ではあるが注目すべき記述がある。

ドイツの図書館については，河井弘志『ドイツ図書館学の遺産』(京都大学図書館情報学研究会，2001 年) がよい。

北欧の図書館については，吉田右子『デンマークのにぎやかな図書館』(新評論，2010 年) が入門書といえよう。

アメリカの図書館について知るには，以下のものがよい。

ウィリアムズ著，原田勝訳『アメリカ公共図書館史　1841-1987』(勁草書房，1991 年)，川崎良孝『図書館の歴史　アメリカ編』(増訂第 2 版) (日本図書館協会，2003 年)，川崎良孝『図書館・図書館研究を考える　知的自由・歴史・アメリカ』(京都大学図書館情報学研究会，2001 年)，吉田右子『メディアとしての図書館　アメリカ公共図書館論の展開』(日本図書館協会，2004 年)，メアリー・リー・バンディ／フレデリック・J・スティロー著，川崎良孝他訳『アメリカ図書館界と積極的活動主義　1962-1973 年』(京都大学図書館情報学研究会，2005 年)。

第8章
日本の文庫の歴史

❏本章の要点

　日本で「図書館」ということばが使用されるようになったのは明治時代になってからである。それ以前は，図書を集積して管理しているものとして「文庫」と呼ばれるものがあった。ここでは，近代以前の寺院，官設，公家，学校など各種文庫の発生や，その発展の過程などについて理解したい。

キーワード

図書寮，金沢文庫，足利学校，紅葉山文庫，彰考館，尊経閣文庫，昌平黌，和学講談所，青柳館文庫，羽田八幡宮文庫

1　聖徳太子とその周辺

　聖徳太子が仏教を信仰し，仏教が流行するようになると，寺院建築の必要上，百済より寺工・仏工・瓦工・鑪盤工・画工などが来国，僧曇徴は高麗より来国して紙・墨・絵具の製法を伝えたとされる。

　推古天皇の晩年には寺院の数は46にのぼった。四天王寺・法隆寺・元興寺などの大きな寺には，経典を保管するため「経蔵」が付設された。

　また寺では学問も学ばれた。法隆寺は「法隆寺学問寺」ともいわれ，その金堂の背後には講堂が設置され，講学の道場とされた。四天王寺の敬田院も学寮であり，学問の研究に従事する場所であった。ここには学問に必要な図書を保管するための設備が想定される。

　なお，聖徳太子の死後も仏教はさかんであり，遣唐使が多くの文書を得て帰国したため，ますます，寺院経蔵，寺院学寮文庫の必要性が高まったと考えら

れる。

2　図書寮の設置

　668（天智7）年，大化新政に応ずる法典である「近江律令」22巻が選ばれる。また稗田阿礼の暗誦する帝皇日継および先代旧辞をも記録させ，『古事記』『日本書紀』『風土記』などの修史事業もおこなわれた。そのためには，必要な文献が収集され，それを保存，活用する必要がある。文武天皇の701（大宝元）年には，国家行政の根本法ともいうべき大宝律令が成立し，官設文庫の設置，すなわち図書寮が制度化された。

　図書寮そのものは，すでに天智天皇の時代，大内裏に設置されていた。それが大宝律令によって，太政官の中務省に属すことが決められ，組織のなかでの位置づけが明確化される。

　図書寮の職務には，以下のものがある。

〈経籍図書，内典，仏像などの管理〉

図書寮の職制は，まず頂点に「頭」がおり，その補佐をする「助」，そのもとで実務の担当者がいる。注目すべきは次の2職である。

　●書写手……図書記録の校写担当。20人。
　●装潢手……図書の表装担当。4人。

　書写という手段で，図書経籍の複写保存がはかられたことが知られる。図書寮の管理は，初期には十分ではなかったが，元明天皇の時代，藤原武智麿が図書頭となり，図書経籍類を点検，欠本については書写して補うなどして，整備につとめた。

　また図書寮の図書経籍は，初期には親王以下朝廷の役人などに閲覧・貸出を許可していた。聖武天皇の時代，一部以上の借覧が禁止された。

〈紙筆墨製作と，その出納〉

　図書寮の職制に「造墨手」（10人）があり，墨の製造を担当した。

　また，平安時代には，図書寮所属の製紙工場「紙屋院」が設置され，諸官庁で使用する用紙を製造した。

〈写経，書写，修史の事業〉

　天平時代には，仏教を積極的に受け入れたため写経事業がさかんにおこなわれた。また，その後，奈良時代から平安時代前期にかけて，中央集権的な政治体制のもと修史事業に力が注がれた。

　平安中期になると，物理的には火災にあい，仕事の面では唐との国交がなくなることによって写経，書写の事業が減少し，修史事業にも力が注がれず，制度としては太政官の組織が弱体化したため，図書寮は衰退する。

　図書寮以外に「文殿」といわれる文庫があった。これは，各官庁が政務に必要な文書記録類を保存管理するために設置された文庫である。奈良時代には，太政官の左右の弁官局及び少納言局に設置されていた。

　政務が盛んな官庁ほど文書記録類が集積される。平安時代では，太政官庁及び外記庁の文殿は充実した。とくに太政官庁のものは，「官文殿」と称される，独立した建物で，今日でいう「公文書館」であった。なおその管理には「史」が，書写には「史生」があたった。

　所蔵される文書類は，政治上必要な，重要なものであったため，管理は厳重であったが，1226（嘉禄2）年，官文殿は焼失してしまう。その後は，文書の副本を所蔵していた左大史小槻家の私庫を官文殿に準用し，官庫または官務文庫と称した。

3　宮廷文庫

　奈良時代，宮中の女官に書司職が設けられ，書司には尚書，典書，および女嬬がおり，仏典・漢籍などを持参して，天皇の閲読係をしていた。それらの典籍は，図書寮などの蔵書であった。

　天皇家と密接な関係のある文庫等には，まず正倉院があげられる。これは文庫そのものではなく，聖武天皇遺物の多くの道具類なども伝えるが，多数の正倉院文書を現在まで伝えるという点で注目される。

　平安時代，嵯峨天皇のときに蔵人所が創設され，蔵人は校書殿で宮廷の政事上の文書記録のことを掌り，また皇室歴代の文書をおさめた納蔵の管理にあた

った。

　同じく嵯峨天皇のときに建てられた冷泉院にも文庫が設置され，図書・文書を収蔵していたが，875（貞観17）年に焼失する。

　なお，焼失後，勅命により藤原佐世が編んだ「日本国見在書目録」は，日本における現存最古の漢籍目録で，当時の残存漢籍図書の目録である。

　平安時代，政治には直接関係ない，宮中の図書経籍・文書を保管していた御書所（「芸閣」とも）が設置され，預，書手などの職員がおかれていた。

　また一本御書所（「秘書閣」とも）も皇居内に設置されている。これは，冷泉院などの院の蔵書を天皇が閲覧するために，あらたにそれを書写させて，一本を作成させ，それを収蔵していたところである。

　この他，後白河法皇のときに設置された蓮華王院（三十三間堂）の宝蔵は，平安朝の貴重な図書・文書を多数収蔵していた。

4　写　　経

　朝廷は仏教を普及させるため，仏書の充実と伝播に力を入れた。とくに聖武天皇は光明皇后とともに数千巻の写経を発願，諸所に写経所を設置し，東大寺には天平末年から写経所が設置され，約30年間ほど，政府の写経事業がおこなわれた。この写経所では，仏書のほか，仏書以外の図書も書写された。

　写経所には，次の4職種がおかれた。
- 経師……経典を筆写
- 装潢……表具師
- 校正……校正の任務
- 題師……経典への経名の書き入れ

　この写経所は発達して，写書所，写疏，写金字所など専門的に分業化した。こうした官の写経所のほかに，寺院，公家も写経所を設けたりもした。

　写経は寺院経蔵の発展に影響を与えた。写経の堂舎は，写経殿，あるいは経堂という。奈良時代の経典には，折本はなく，巻子本であり，それを経箱か経筒に入れて保管した。

平安時代になると、ひとつには印刷術が発達し、ひとつには宋版『一切経』などの「版本一切経」が輸入されたため、写経の必要がなくなり、官設写経所は廃止となった。ただし「経師」がいなくなったわけではなく、江戸時代の図書を考えるときに重要な役割を果たす「職」につながっていく。すなわち『人倫訓蒙図彙』に、経巻、巻物、色紙、短冊、薄様、香包など、紙製品はすべてつくる、とあり、またその長を大経師といい、禁裏の細工をし、院の御用をするものは院経師といったとある。

経師『人倫訓蒙図彙』

5　寺院文庫《経蔵》

仏典・写経を収蔵した文庫を「経蔵」という。大きな寺において経蔵は不可欠なものである。はやくは、法隆寺や四天王寺に、奈良時代には、東大寺、元興寺、大安寺、興福寺、唐招提寺などの諸大寺に、経蔵が建立された。平安時代になると仏典だけではなく、外典としての儒教書も保管されるようになった。以下、主な経蔵をみていく。

〈東大寺〉

村上天皇の時代、東大寺勝尊院の経蔵「聖語蔵」が建立された。ここには光明皇后御願の写経をはじめ、7千余巻の仏書が収蔵されていた。そのなかには日本で現存最古の蔵書印である「積善藤家」（光明皇后の蔵書印）の押印がなされたものが含まれている。

〈興福寺〉

藤原氏の氏寺である興福寺の唐院には玄昉持参の仏典5,000巻が所蔵され、その鎮守の春日神社と、法相宗関係の仏典を主とする開版、いわゆる春日版の開版事業をおこなっていた。そして興福寺と春日神社にはそれぞれその版木を納めた経蔵も設置されていた。

〈石山寺〉

　石山寺は東大寺の直轄で，ここの経蔵は大般若経を蔵した。写経所も設置され，石山寺奉写般若所といい，東大寺写経所の職員が派遣されて書写にあたった。また光明皇后御願の「一切経」など，古い時代に成った図書を伝えている。なお，紫式部がこの寺から琵琶湖の水面に映る月を観て悟り，『源氏物語』の構想を得て執筆したとの伝説があり，現在，『源氏物語』関連のものが多く収集されている。

〈延暦寺〉

　天台宗の総本山である延暦寺は，最澄によって788（延暦7）年に比叡山に創建され，「一切経蔵」が建立された。最澄は，唐より，経・疏・記など230部460巻を持ち帰り，請来目録を作成して天皇に献進した。最澄は経典の収集に力を注ぎ，その経蔵の管理者として一切経蔵別当および雑文書別当などをおいていた。

　円珍が座主のときに根本経蔵がつくられるなど，経蔵が複数設置され，写経が納められた。また円仁が帰国のとき，多くの経典類を持ち帰り，延暦寺前唐院の経蔵に納められるなどし，蔵書は増加した。1571（元亀2）年に織田信長の比叡山焼き打ちのとき経蔵およびそこに収蔵されていた蔵書は焼失してしまった。その後，建物は，豊臣秀吉，徳川家康などによって復旧されている。

〈東寺〉

　823（弘仁14）年，嵯峨天皇は東寺を空海に授け，教王護国寺という寺号をたまわる。空海が唐から持ち帰った仏書は，「御請来目録」によると，「新訳経」，「論疏章」など216部461巻に及び，東寺の大経蔵に納められた。大経蔵の管理には，経蔵預があたった。

　東寺の経蔵には北経蔵（大経蔵）と南経蔵とがあったが，1127（大治2）年に焼失した。その後，経蔵は再建されたが，1485（文明17）年にも焼失した。さらにその後，豊臣秀吉，徳川家康などが経蔵及び「一切経」を修復した。家康は，東寺観智院の経蔵の経典を貴重として，高野山の青厳寺の経蔵に移管した。これは，学者の研究資料として利用された。

〈中尊寺〉

　藤原清衡の建立した中尊寺には，鳥羽法皇の御願による金銀泥「一切経」5,700巻をはじめ，宋版「一切経」などの経典，漢籍など多数が収蔵されていたが，檀主藤原氏の滅亡により堂塔も破損，経典も次第に散逸した。

6　公家文庫

　平安時代は公家たちの時代であり，公家たちは豊かな書物文化を形成した。主な公家たちの文庫には次のものがある。

〈芸亭〉

　奈良時代末期，石上宅嗣が，旧宅を寺として，そのなかに設けた書籍館である。その蔵書を公開し，閲覧自由であったため，図書館史のうえでは，公開図書館の先駆けとして評価されている。

〈紅梅殿〉

　菅原道真が父是善から邸内に与えられた書斎。菅原家は「文章博士」の家で，もともと図書とはかかわりが深い。ここの図書を公開し，一門子弟の閲覧を許可した。

〈江家文庫〉

　平安時代末期，大江匡房は，私設の千種文庫を建てた。一般には江家文庫として知られていた。大江家も菅原家と同様に学者の家である。ただし江家文庫は，紅梅殿のように一般に公開したものではなかった。

〈法界寺文庫〉

　11世紀半ば，「文章博士」である日野資業が，京都に日野薬師を再興した。ここに群書を集めてその蔵書をおいた。これが法界寺文庫である。

〈藤原頼長の文倉〉

　藤原頼長は，自ら書写し，購入して集書した。1145（天養2）年に頼長は私設文庫を設けた。その蔵書を分類して全経，史書，雑説，本朝の四部とし，書箱に番号をつけて配列し，その蔵書目録も作成された。保元の乱のおりに焼失した。

7 学寮文庫

　大宝律令制定により，大学，国学の制度が整い，大学は式部省，国学は国司の管轄下におかれることになった。

　大学は京都におかれ，原則として五位以上，および東西史部の子弟を教育，その目的は官吏の養成であった。大学には蔵書が備わり，大学内での閲覧が許可された。また，蔵書目録も作成されていた。一方，国学は，国司，郡司の子弟の教育機関であり，国府に設置されていた。

　平安時代，藤原，大江，菅原，在原などの文章院，観学院，学館院，奨学院，淳和院の学寮が発達した。

8 中世の武家文庫

　武士のなかには「文武両道」と考え，「文」に力を入れ，図書を収集し，文庫を設けるものもいた。

　鎌倉時代の代表的な武家文庫は〈金沢文庫〉である。三善康信の名越文庫（鎌倉名越にあった。1208（承元2）年焼失）にならったものといわれ，その名称も名越文庫と同様に，設けられた地名によるとされる。設立年代は不明だが，北条実時創建説が有力である。

　その蔵書は，北条実時，顕時，貞顕の三代の集書から成る。『論語』などの漢籍や，『続日本紀』，『続本朝文粋』，『源氏物語』といった国書などが所蔵され，幅広い分野にわたっていた。

　管理は，同じ敷地内の称名寺の住職が担当し，当時，一般にも貸し出していた。北条氏の滅亡後も，称名寺が文庫を管理し，建物が損なわれるなどしたため，後に蔵書を称名寺に移し，称名寺の蔵書とともに管理された。

　江戸時代になると，徳川家康は，江戸城内に富士見亭文庫を創設し，称名寺が管理していた金沢文庫の蔵書の大半を移蔵させた。富士見亭文庫の蔵書の大半は，現在，宮内庁書陵部に所蔵される。

　また，江戸時代に大規模に書籍を収集したことで知られる加賀藩の藩主前田綱紀が尊経閣（→88頁）に，水戸藩主徳川光圀が彰孝館（→87頁）に，それぞれ，

その国書・漢籍の一部を引き取っている。その結果，称名寺には仏書が多く残ることになった。

また神奈川県庁は，1930（昭和5）年，寺院跡に図書館を設置，金沢文庫の名を復活して，その残存書籍の保存をしている。

武家文庫は室町時代にもみられる。幕臣の細川氏，伊勢氏，地方武将では太田道灌（静勝軒文庫），山口の大内氏，薩摩の島津氏など，蔵書数が多かったことが推測される。ただし，金沢文庫ほどに知られるものはないようである。鎌倉時代と大きく異なる点は，まず，幕府が京に開かれため，足利将軍家の蔵書は，京の公家たちとのかかわりが深かった。具体的には，歌集などの書写を命じて，蔵書を増やしていった。足利義政，義尚父子はとくにその傾向が顕著である。

今ひとつは，元，明との貿易が開けたことにより，宋，元，明版の書籍を購入して，蔵書としたことである。これは，将軍家にとどまらず，諸国の大名や寺院にもみられる。とくに山口の大内氏は，貿易をさかんにおこない，仏典の収集をした。また大内氏は，いわゆる「大内版」といわれる出版をおこない，仏典や漢籍などが印刷された。

9　学校文庫——足利学校の文庫

足利学校は，下野国足利荘にあった中世の学校施設である。その創設者には諸説あり，平安末期に足利義兼が設立したといわれるが，平安初期の小野篁説，室町時代の上杉憲実説などもある。漢学研修の学校としての形態が整備されたのは，永享年間（1429-41）に，関東管領上杉憲実が鎌倉円覚寺の僧快元を初代校長とし，宋版の経典を寄贈したことによる。禅僧が学校の管理をし，学生は寄宿生活をした。講義は易学を中心に，漢籍や兵法書など実用的知識が講義された。

戦国末期の7代校長九華のとき，小田原北条氏の保護を得て，最盛期をむかえ，全国的に知られ，学生を集め，宣教師に坂東の大学と呼ばれている。その後も徳川氏の保護を得て存続し，明治には，足利藩校求道館の図書なども移さ

足利学校境内の図　川上広樹『足利学校事蹟考』(明治13年)

れている。1872 (明治5) 年に廃校となり，蔵書とともにはじめ栃木県，後に足利町の所有となり，1903 (明治36) 年に学校跡に足利学校遺跡図書館が開設され，今日にいたる。

　以上のように存続されたため，旧蔵書の大部分がまとまって今日も伝存している。上杉憲実・憲忠父子寄贈の宋版「五経註疏」，北条氏政寄贈の旧金沢文庫本の宋版「文選」，徳川家康の寄贈書など，貴重なものが多い。

10　京都・鎌倉の五山と文庫

　鎌倉・室町時代は，中国との貿易などにより，宋版の書籍が多く伝えられた。国内でも出版事業も盛んで，京都五山の禅寺などでおこなわれ，いわゆる五山版はその代表的なものである。そのほか春日版・高野版・比叡版など各地に仏典などの刊行がおこなわれた。このように書籍の供給が豊かになると，寺院の経蔵や文庫の蔵書が充実し，また個人蔵書家も出るようになる。

　注目すべきもののひとつに東福寺の文庫がある。入宋した円爾が，仏典や宋

第8章　日本の文庫の歴史　　83

学などの多数の典籍とともに1241（仁治2）年に帰国し，その典籍を東福寺の普門院書庫におさめた。

円爾が自ら編んだとされる「三教典籍目録」は伝わらないが，現存する東福寺普門院の蔵書目録に「常楽目録」と「明徳目録」とがある。常楽目録は「普門院経論章疏語録儒書等目録」の略称，鎌倉時代末期の編纂とみなされている。明徳目録は「普門院蔵書明徳目録」の略称，1392（明徳3）年，東福寺の知有禅師の改編したものである。これによって円爾の蔵書をほぼ知ることができる。

東福寺には，普門院書庫のほかに，虎関師錬が設けた海蔵院文庫もあった。多数の書籍が所蔵されたとされるが，1382（永徳2）年に焼失した。

11　朝廷文庫

宮中では，文事が継続しておこなわれ，書籍が伝承された。

1163（長寛元）年，後白河法皇の創設した蓮華王院の宝蔵には，皇室の貴重図書などが所蔵され，その蔵書点数も多く，皇室文庫として重要な位置を占めた。1274（文永11）年，後宇多天皇即位後，皇統が持明院，大覚寺の2つに別れてから後は，蓮華王院宝蔵は持明院統に帰した。後深草天皇以来，伏見，後伏見，花園と大切にされたが，治安の悪化にともない，宝蔵の書籍などは分散し，室町時代には宝蔵も壊滅したようである。

なお，持明院統文庫書目としては，1355（文和4）年に後深草，伏見，花園など歴代の持明院統仙洞の御記，後遺書などを中心として中原盛氏，安部資為などが編纂した「仙洞御文書目録」がある。

これに対し，大覚寺統の文庫としては，亀山，後宇多，後醍醐天皇とひきつがれた万里小路殿文庫があった。また後醍醐天皇の富小路内裏の文庫にも多数の記録書籍が収蔵され，1331（元弘元）年笠置御幸のとき，蓮華王院宝蔵の文書書籍をひきとり，富小路内裏文庫の重要なものの一部は，大覚寺，仁和寺，三宝院，報恩院など大覚寺統関係の寺院に移されたらしい。

12　公家文庫

　武家の時代になって以後，経済的にめぐまれない公家にとって，蔵書の増加どころか維持ですら困難であった。しかし，そうしたなかにあって維持された公家文庫として三つのものがよく知られる。

　藤原宗隆の文庫は「梅小路文庫」といわれ，多数の和漢の書籍を収蔵していたことで知られていた。1226（嘉禄2）年，息子宗房のとき焼失した。

　碩学と知られる一条兼良の文庫は「桃華坊文庫」といわれた。摂関家「一条家」累代の和漢の書籍文書類を保存していたが，応仁の乱のとき，その大半が紛失した。

　三つめは小槻家のものである。小槻家は朝廷の公文書を扱うことを家職とした。1226（嘉禄2）年，公文書を保管していた太政官の官文殿が焼失したため，小槻家の私有文庫がその代わりに用いられた。そこで，これを官務文庫と称した。朝廷の重要文書が保存され，文庫の修理も朝廷の費用によってなされていた。この文庫は，その蔵書が，1888（明治21）年，帝室に献じられるまで続き，現在，宮内庁書陵部に保存されている。

13　近世の武家文庫

　1602（慶長7）年，徳川家康は，江戸城内の富士見亭に文庫を設けた。「富士見亭文庫」といわれる。

　隠居した家康は駿府城内に文庫を設けた。これを「駿河文庫」という。その一部は家康在世中に，富士見亭文庫に移されたが，1616（元和2）年，家康没後，富士見亭文庫の他，尾張，紀伊，水戸の三親藩家に分与された。

　紅葉山文庫は1633（寛永10）年，文庫の蔵書の整理，目録編纂，保管のために，富士見亭文庫に書物奉行がおかれた。1640（寛永17）年頃，この文庫は城内紅葉山霊廟の境内に移転され，紅葉山文庫，楓山文庫，または楓山秘閣などといわれた。

　紅葉山文庫の所蔵図書は，家康の集書を基とする。その後，さまざまな方面から寄贈本があり，幕府もしばしば集書にあたった。とくに1664（寛文4）年に，

『本朝通鑑』の編纂にあたり，全国の社寺，公家，諸大名，旗本などから資料を提供させ，このとき2部を書写して1部を編輯所に，他の1部を紅葉山文庫に納めた。寄贈図書では，1828（文政11）年に豊後佐伯藩主毛利高翰が2万余巻を献納したことが注目される。

　文庫の書籍目録には，富士見亭文庫の創設の際に，足利学校の庠主寒松の作成した目録が，紅葉山文庫関連の最古の書目である。その後，書目の増補改訂がおこなわれたが，とくに1836（天保7）年に完成した「重訂御書籍目録」は，本編と目次をあわせると29冊になるものであった。経史子集書とし，計5部となっており，さらにこれを61類に細分した。

　また，この目録編纂のとき，貴重図書の名称について指令があり，北条本，後譲本，享保新写交合本，金沢本，宋元槧本，慶長活字本，と称することとなった。

　また，幕府の購入図書も，複本2部のものは，1部を紅葉山文庫に，他の1部を昌平黌文庫に納めた。その保管に万全を期するようになった。

三親藩家の文庫

〈尾張藩の文庫〉

　尾張藩の文庫は，藩祖義直のときに始まる。家康没後，駿河文庫本を譲り受けたほか，和漢の新刊書を購入して収集につとめた。義直は，自らの『神祇法

蓬左文庫

典』10巻,『類聚日本紀』174巻などの撰述のための集書にもつとめた。また,紅葉山文庫に模して1658（万治元）年に書物奉行をおき,1867（慶応3）年まで存続した。1931（昭和6）年,尾張黎明会蓬左文庫創設のとき蔵書数約7万冊であった。

〈水戸藩の文庫〉

　水戸藩の文庫は,彰考館文庫と称される。その創設は,駿河文庫の御譲本を基とする。その後,徳川光圀の『大日本史』編纂の事業にともない,蔵書が増加する。1657（明暦3）年に史局を創設し,『大日本史』編纂に着手,1672（寛文12）年に史局を移転し,彰考館と名づけ,文庫が設けられ,書物奉行がおかれ,本格的に修史事業を始める。それにともない資料収集がおこなわれ,文庫の蔵書が増加した。なお,1783（天明3）年に彰考館に入り,『水府志料』編纂に従事するなどした小宮山楓軒,その孫で『古事類苑』の編纂に関与した南梁の蔵書は,帝国図書館に購入され,現在,国立国会図書館に小宮山叢書としておさめられている。

　1692（元禄5）年,光圀は大串平五郎に命じ,「彰考館総目」3冊を作成させる。「彰考館書目」の起源である。第1・2冊は和書目録で,国書12類に分け,12支をもって号とした。子は神書,丑は史伝,寅は職官（官職制度）,卯は家乗,辰は詩文,巳は和歌和文,午は音楽,未は譜牒（系図古文書）,申は雑家（地誌・兵書・医書・画工・園芸等の書）,酉は抄解（注釈書随筆類）,戌は仏書,亥は稗叢書目であった。第3冊は漢書目録で,漢籍を8類に分け,八卦をもって号とした。乾を経,兌を史,離を子,震を集,巽を類書,艮を道（仙術書）,坤を釈とした。

　1698（元禄11）年,江戸にあった史館の編集局を水戸に移し,江戸と水戸の両方で修史を続けていたが,その後,1829（文政12）年,斉昭は,江戸の史館をすべて水戸に移転した。なお,城内に開設された藩校「弘道館」の学生は,彰考館文庫の蔵書の閲覧が許された。斉昭は,彰考館文庫のほかに,さらに潜竜閣文庫を設けた。その書籍目録「潜竜閣文庫蔵書目録」3部20冊と「潜竜閣類字書目」1冊がある。十干五色に分類し,和漢洋の書籍がおさめられる。なお1846（弘化3）年に小山田与清は,「擁書楼文庫」の蔵書2万余巻を寄贈し,

斉昭は，それを「潜竜閣蔵書書目」に組み入れている。

〈紀伊藩の文庫〉

　紀伊藩の文庫も，駿河文庫の御譲本を基とする。1791（寛政3）年，藩主治宝のとき藩校「学習館」と，御譲本を基とする文庫が設けられた。また「偕楽園」内に，和漢の書籍を収蔵した八角建の文庫を設置，これを「偕楽園文庫」と称した。紀伊藩の文庫は，明治時代に入り一部が散逸したが，紀州徳川家伝来本が，東京麻布邸に南葵文庫として公開され，旧藩時代から伝わるものが約2万冊あった。

14　諸大名の文庫

　江戸時代，諸大名のなかから，多くの図書を所蔵するものが出てくる。有名なものに以下のものがある。

〈尊経閣文庫〉

　加賀藩前田氏の尊経閣文庫の集書は藩祖前田利家の室芳春院松子に始まったといわれる。三代利常を経て，五代綱紀にいたって大成した。綱紀は，利常収集のものを「小松蔵書」，父光高収集のものを「金沢蔵書」，自らが収集したものを「尊経閣蔵書」とした。明治になって，「尊経閣蔵書」からとって，前田家の蔵書を「尊経閣文庫」と呼ぶようになった。現在，近世の文書等は金沢市立玉川図書館に移管し，「加越能文庫」（約1万点）として保存・活用される。貴重なものは，「尊経閣文庫」として財団法人前田育徳会が保存している。

　さて，綱紀は古今の貴重書の逸散するのを憂え，後世に伝える目的で収集にあたった。綱紀の集書は書写と購入の二方法による。購入は，可能な限り原本を求めた。また，社寺，紳縉家などの所蔵で購入できないものは依頼して書写するようにした。

　尊経閣は，一般の和漢書をおさめた文庫で，経史子集の4部に分けて収蔵されていた。これとは別に秘閣といって貴重書をおさめた文庫があり，これは「南御土蔵」といわれ，現在の尾山神社の境内にあった。別名を「金谷文庫」という。

綱紀の集書は，学術的に価値のあるものの収集を重視しており，次のような過程を経ていた。

① 綱紀の書籍を調査（親閲）
② 学士の考証
③ 価値の評定
④ 序跋を添加

綱紀は，図書の保存を重視し，書写のため借用したものでも，傷んでいるものは補修して鄭重に図書を返却した。「百合文書」の返却の際は，保存用の書櫃を作成し寄贈したり，1702（元禄15）年三条西家の文庫を修築して返礼としたり，1713（正徳3）年には木下順庵に文庫の建設地を与えたりした。

なお新井白石が雨森芳洲にあてた書簡のなかで「加州は天下の書府」と述べたことは，よく知られる。

〈佐伯文庫〉

豊後佐伯藩毛利家の佐伯文庫は，毛利高標一代の集書で，儒，道，仏，医のほかに蘭書をも所蔵し，その蔵書数は8万巻にのぼっていた。高標の没後，1828（文政11）年，孫高翰のとき，佐伯文庫の蔵書の大部分を幕府に貢献した。幕府はその献本を紅葉山文庫と昌平坂学問所の両所に分けて収蔵した。

市橋長昭の文庫　近江西大路を領した市橋長昭は，毛利高標などと風月社を結成して，相互に図書の貸借をおこない，また書写の便もはかっていたらしい。宋元古版本の収集につとめたが，1808（文化5）年，その蔵書の永久保存を念願し，宋元版30部を昌平黌に寄贈した。

〈松浦清の文庫〉

平戸藩主静山松浦清の蔵書数は5万巻を超え，江戸の藩邸と平戸城とに分置され，平戸の文庫を「楽歳堂文庫」，江戸のものを「感恩斎文庫」といった。1785（天明5）年，藩臣及び藩校「維新館」の学監などに命じて，「楽歳堂蔵書目録」を編纂させ，内編2冊，外編4冊が作成された。内編には国書，外編には漢籍，洋書が収録された。平戸藩は海外との関係があり，洋書も少なくなく，外編中に洋書目録として「蛮国」の一編を設けている。文庫は，当時として特

色ある文庫のひとつであった。清は，木村兼葭堂や毛利高標などと交流をもち，舶来図書の購入，交換，相互貸借などをおこなった。

〈薩摩藩の文庫〉

薩摩藩は，藩学の奨励，文庫の蔵書の貸出を行い，広くその図書の利用を進めていたことが知られている。とくに四書，五経，史記，左伝などを藩費で出版し，安価で頒布したほか，安価な見料でこれを貸し出した。

〈松平定信の文庫〉

11代将軍家斉を補佐した白河城主松平定信の文庫は，1823（文政6）年には，その蔵書数は2万巻を超えていたとされる。彼は幕府の大政に参与して，「医学館」を建て，「和学講談所」を興した。定信の文庫は，「楽亭文庫」「白河文庫」といわれた。

〈その他の文庫〉

このほか，よく知られるものに，新発田藩溝口家の文庫，新宮城主水野家の文庫，備前池田家の文庫，徳山毛利家の棲息堂，伊勢本田家の神戸文庫などがある。

15 学校文庫

江戸時代，将軍家をはじめ諸国の藩主は学問の振興につとめ，幕府直轄学校及び藩校が設けられた。1691（元禄4）年，湯島に聖堂ができ，幕臣の教育所となってから，全国の諸藩がこれにならい藩校を創設，幕末には，学校をもたぬ藩はほとんどなかった。1792（寛政4）年に造営された加賀藩「明倫堂」では，「武士は勿論，町在の者までも志しだいで学ぶことができる」とされている。

昌平黌のほかに幕府直轄学校として日光，甲府，駿府，佐渡，長崎の学問所のほか，和学講談所，開

湯島聖堂大成殿

成所，医学所が設立された。公家の学校としては，京都に「学習院」ができた。庶民の学校としては，郷校，寺子屋などがあった。こうした学校のなかには，文庫を備え，その蔵書を学生の閲覧に供していたものがあった。

寺子屋

〈昌平黌文庫〉

1691（元禄4）年，本郷湯島に「昌平坂学問所」が発足，林信馬が大学頭となり，同時に聖堂の祭役に任ぜられた。その後，1797（天保13）年に幕府の直轄学校となる。文庫には，紅葉山文庫から再三図書が移管された。また1842（天保13）年以降，昌平黌が全国出版物改めをすることになり，新刊図書の納本がすべてここに収蔵されることになる。一般学生や職員なども，これらの蔵書を閲覧することが許され，図書閲覧の規定も設けられていた。寄宿舎への貸出などもおこなわれていた。その教育のために文庫の蔵書の活用がはかられており，学校図書館としての機能を積極的に果たしていたといえよう。

昌平黌では，1799（寛政11）年，教科書用に四書を出版して以来，200余種の図書を刊行した。また，幕府直轄の諸学校に分与して，その文庫の基本図書とするとともに，市販もした。また教授参考用として文庫の蔵書が貸し出されるなど，昌平黌文庫は，他の直轄学校に対して中央図書館的な機能を果たしていた。

〈和学講談所文庫など〉

1793（寛政5）年，幕府の援助によって麹町に，『群書類従』の編纂，その他古文書の調査を主とした国学研究所にあたる和学講談所が設立された。『群書類従』は，塙保己一の編，日本の代表的な叢書のひとつで，貴重な文献を集大成している。ここに設けられた文庫を温故堂文庫という。その蔵書は『群書類

『群書類従』表紙　　　　藩版（富山藩校「広徳館」版）

従』を編纂するために収集されたものであるが，学生の利用にも供された。

この他，多紀安元のはじめた異学所および洋学所，後の藩所調所も文庫をもち，その専門の図書を収集していた。

〈藩校の文庫〉

米沢の「興譲館」，名古屋の「明倫堂」，熊本の「時習館」，佐倉の「成徳書院」，水戸の「弘道館」，白河の「立教館」などの藩校文庫はみなすぐれた蔵書を所有していた。

また，かつて寺院において学習のために仏書が出版されたように，藩校における学習テキストとして，四書五経などを出版する藩があった。1805（文化2）年に創設された庄内藩致道館（1873年廃校）も出版がなされ，現在，その版木は致道博物館に展示されている。

16　個人文庫

古くは「文章博士」だった菅原道真が文庫を設けたように，江戸時代も，学者のなかには多くの蔵書を収納する文庫を持っていたものがいる。主なものを

青柳文庫跡地碑

以下にあげる。

- 1698（元禄11）年，伊藤東涯の建設した京都堀川塾の古義堂文庫。
- 江戸時代中期の国学者で尾張の吉見和幸，および河村秀穎の文庫。
- 1795（寛政7年），幕府の儒員古賀精里の設けた，江戸の万余巻楼。
- 近代考証学の祖といわれる，吉田篁墩や大阪の木村蒹葭堂などの蔵書。
- 江戸の屋代弘賢の不忍文庫，同じく小山田与清の擁書楼の蔵書。ともに5万巻を越え，両人はともに1800年前後の代表的蔵書家であった。
- 青裳文庫。吉田篁墩と並称される，狩谷掖斎の文庫。約2万巻の図書を所蔵していた。
- 近藤守重の滝川文庫。1822（文政5）年建設。
- その他：大塩平八郎の洗心洞文庫，親見正路の賜蘆文庫，野間三竹の白雲書庫，新井白石の天爵堂文庫，大田南畝の杏花園文庫，山崎美成の好尚堂文庫，安田竹荘の香島文庫など。

17　公開文庫

江戸時代，文庫を公開したものには以下のものがいる。

第2代板坂卜斎は，浅草に文庫を設けて一般に公開し，「浅草文庫」と称した。
岡山の河本一阿は，一般庶民の読書機関として「経宜堂」を設けた。
　1818（文政元）年，福岡藩大目付岸田貞教が一般庶民の教化を目的に福岡櫛田神社に「桜雲館」を設立した。しかし，その創立後5年にして廃止された。
　1831（天保2）年，仙台に公開された「青柳文庫」は，青柳文蔵がその個人蔵書約3万巻と文庫基本金1,000両をもって，向学の志をいだく，一般庶民の閲覧を目的として建設した。
　羽田八幡宮文庫は，1848（嘉永元）年，羽田野敬雄らによって文庫設立が話しあわれたのを始まりとする。貸出用の蓋付きの箱が用意され，2部10巻まで1ヵ月借りることができた。文庫の閲覧所を「松蔭学舎」といった。その蔵書数は1万357巻に及んだが，明治になって文庫が閉鎖，その蔵書が売却された。散逸を惜しむ人々によってそれが買い戻され，1911（明治44）年には豊橋市がその9,271巻を買収，1913（大正2）年にそれを基礎に豊橋市立図書館が開館，現在にいたっている。
　その他，1854（嘉永7）年に開設された，伊勢の射和文庫なども公開文庫としてよく知られている。
　なお，羽田八幡宮文庫について，細井岳登は「地域のなかの射和文庫」（『図書館文化史研究』第19号，2002年）において，
　　これはアメリカ図書館史において「知識を獲得するために自発的団体を結成し，資金を出し合って設立図書館」と定義されるソーシャルライブラリー，特に所有者図書館との共通性がみられる。
と，興味深い指摘をしている。

18　貸本屋

　図書を提供するという点で，図書館と類似したものに，料金をとって図書を貸す商売をした「貸本屋」があった。大衆的な読本が扱われることが多かった。店に来る利用者に貸す方法と，利用者の家・屋敷を訪問する方法があった。有名な貸本屋として名古屋の「大野屋惣八」が知られる。

なお，貸本屋は 1970 年前後まで多数存在した。大串夏身は，図書館の批判的表現として「(無料)貸本屋」という表現がなされることに対して

　かつて貸本屋は日本の文化のある部分を形成することに貢献
してきたとする（『これからの図書館 21 世紀・智恵創造の基盤組織』青弓社，2002 年）。

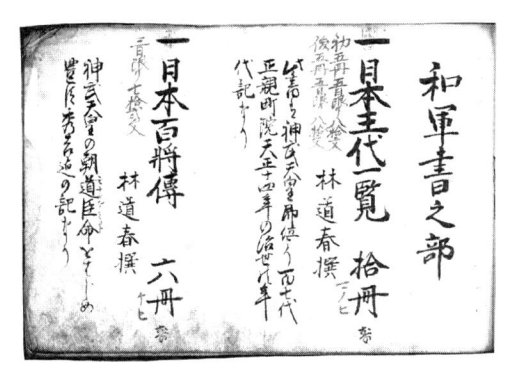

貸本屋見料目録

19　朝廷(公家)文庫

　江戸時代の朝廷文庫としては，京都御所の「東山文庫」があげられる。後西天皇は，譲位後，残存の旧記を自ら書写し，公家たちにも命じて残らず複本をつくらせて，それらを院の文庫に納めさせた。これが，東山文庫の蔵書の基となる。

　霊元天皇も，諸方の神社仏閣などから皇室関係のものなど多数の文献資料を収集したと伝えられている。

20　神社・寺の文庫

　神社文庫は，一般には公開されなかったものと，書籍の公開利用を目的としたものとに大別される。

　非公開の神社文庫として注目されるのは，天満宮の文庫である。これは天神信仰により，文運を祈願して著書を奉納したり，書店仲間で新刊の書籍を奉納したため，文庫が形成されていった。

京都の北野天満宮は，1702（元禄15）年，菅公800年祭に，文庫が設けられ，書店仲間が文庫講を組織，新刊書1部を奉納することを通例とするようになった。大阪の天満宮，住吉大社の両文庫も，大阪の書店を中心とする「御文庫講」による奉納図書によって成り立っていた。
　公開の神社文庫としては，伊勢の「豊宮崎文庫」と「林崎文庫」，賀茂の「三手文庫」などがよく知られている。
　豊宮崎文庫は，1648（慶安元）年に設立されたものであるが，神職子弟の勉学に寄与しようとするためのものであった。これに賛同して，学者などからの図書寄贈も多かった。
　文庫の管理については，文庫条令を定めて図書の出納がなされ，また儒生1人が選ばれ，出納，曝書などの講義もおこなわれた。
　鴨別雷神社の三手文庫も，神職の研学を目的として設立された神社文庫のひとつである。1702（元禄15）年，講学所付属の文庫設立が計画され，同時に書籍の寄進のことを全国的に呼びかけた。その数年後に文庫が完成し，これを三手文庫といった。なお，もともと上賀茂の社家は東・西・中の「三手」に分かれて寄合などをしていたことから，これを三手と総称し，三手文庫の名もこれから出たものである。
　寺院文庫としては，慈眼蔵文庫，真福寺文庫，増上寺経蔵，このほか浅草寺経蔵，京都南禅寺の金地院文庫，知恩院の華頂山文庫，仙台龍宝寺の法宝蔵文庫などがよく知られているものである。
　法宝蔵文庫は，1714（正徳4）年，住職実政法印が建立，後に藩主に献上，希望者に公開され，江戸時代，公開寺院文庫としては唯一のものとされる。
　仏教諸宗の教学が復興するにつれて諸宗寺院には学寮が発生し，その学寮の学生に，その蔵書を閲覧させる学寮文庫が設けられるようになった。上野寛永寺の観学寮文庫などは，近世における寺院学寮文庫のなかでも代表的なもののひとつである。
　1682（天和2）年，了翁は寛永寺境内に観学寮講堂を建立したが，その蔵書は3万巻に達していた。講堂では日々講義がなされ，その文庫の蔵書は，研学に

励む学生の閲覧に供した。

　1639（寛永16）年創立の竜谷学寮は，真宗本派本願寺の学寮で，仏教学，儒学などを講じ，文庫を設けて，その蔵書を学生の閲覧に供していた。1792（寛政4）年，文庫管理の職として「蔵司」をもうけて出納にあたらせた。また，1807（文化4）年には図書の取扱いを厳重にするため，はじめて出納に関する規定がもうけられた。

　以上述べたように江戸時代における寺院文庫は，主として教学研究のため僧侶の閲覧に供したもので，そのほとんどが一般世人に公開されるまでにはいたらなかった。

　考えてみよう・調べてみよう
1. 日本の「文庫」について書かれた図書には，どのようなものがあるか調べてみよう。
2. 現存，またはあらたに復元された「藩校」には，どのようなものがあるか調べてみよう。
3. たとえば館林藩主秋元家の文庫について書かれたものに『江戸時代の秋元文庫』（館林市立図書館，1944年。館林双書22）がある。このように特定の文庫について書かれた図書があるか調べてみよう。

　読書案内
小野則秋『日本文庫史研究　上・下』が基礎図書で，初版は1944年に発行されたが，その後，1980年に臨川書店より再刊されている。
江戸時代の図書の流通について知るには，鈴木俊幸『書籍流通史料論　序説』（勉誠社，2012年）が参考になる。また江戸時代の出版については，鈴木俊幸『新版　蔦屋重三郎』（平凡社，2012年）が参考になる。

第9章
日本の図書館の歴史

❏ 本章の要点

　明治時代以後，日本では図書館が，図書を集積し，管理する中心的機関になる。明治時代に設置されるようになった図書館が発展して，今日の図書館となっていく。ここでは，近代以降の図書館の発展の過程などについて理解したい。

キーワード

　帝国図書館，図書館令，日本図書館協会，書籍館，新聞従覧所

1　明治期の図書館運動

　『学問のすゝめ』などの著作で知られる福沢諭吉は，幕臣として2度にわたり欧米を巡歴，その見聞記を著す。この「欧米見聞記」は，後に，『西洋事情』として発表され，

　　西洋諸国の都府には文庫あり。「ビブリオテーキ」と云ふ。

と西欧の図書館が紹介されている。これは日本で西欧の図書館について書かれた最初の文献とされる。『西洋事情』は，ベストセラーとなり，当時の日本人に与えた影響は大きかったと考えられ，石井敦・前川恒雄『図書館の発見　市民の発見』(NHKブックス (194), 1973年, p.82) では，

　　日本の公共図書館のスタートを早めるために大いに役立ったと思われる。

とされる。

　また1872 (明治5) 年，文部省出仕市川清流によって，文部大輔に対する書籍院建設の建白書が出された。これが後の湯島の官立書籍館設立につながる可能性のあるものとして注目される。市川は，外国奉行として日露和親条約や日

米通商条約の締結にいたらしめた岩瀬忠震の用人であった。忠震は井伊直弼に左遷され1861（文久元）年に没するが，市川は，この年末に，幕府のヨーロッパ諸国歴訪の使節団に副使松平康直に従って参加した。市川は「博物館」「公衆便所」の関連で知られるが，大英博物館を訪問して図書館を見学し，それについて的確な記述を，その日記『尾蠅欧行漫録』に記してもいる。この日記は，イギリスの「文人外交官」として知られ，イギリスと日本の文化交流に多大な影響を与えたアーネスト・サトウによって英訳され，発表されている。

　また，文部大輔もつとめた田中不二麿も図書館運動の先駆者として，福沢諭吉とともに記憶されるべき人物である。田中は，1871（明治4）年，岩倉特命全権大使欧米派遣のときに随行し，アメリカ・イギリス・フランス・ロシア・イタリアなど各国の図書館も視察した。また，1876（明治9）年に渡米し，アメリカの公共図書館を見学している。田中は，日本においても図書館設置の必要があると考え，1877（明治10）年，公立書籍館設立を促す論文を発表した。

　また当時日本にいた，開拓使ホラシー・ケプロン（Horace Capron）や，京都府御雇教師チャールズ・ボルドウィン（Charles Boldwin）など外国人の図書館事業に対する建言も軽視できなかった。

　1892（明治25）年になると，田中稲城，西村竹間らの発起により，「日本文庫協会」が発足，日本においてはじめての図書館団体となる。

　1897（明治30）年4月，貴族議員外山正一らの発議により，「帝国図書館官制」が定められ，帝国図書館は，官立図書館としての歴史を始めることになる。

　1899（明治32）年，はじめて「図書館令」が公布され，各地に公私立図書館設立の機運が生じた。また，図書館学も，田中稲城，和田万吉，西村竹間，市島謙吉らによって研究がなされるようになる。

　明治時代の図書館活動は，関西を基盤として発展することになる。1900（明治33）年，京都帝国大学附属図書館内に，島文二郎，秋間玖磨らの発起により「関西文庫協会」が創設され，機関紙『東壁』が発行されている。これは，4号をもって廃刊となるが，図書館雑誌の先鞭というべきものである。

　その後，1907（明治40）年には，日本文庫協会が機関紙『図書館雑誌』を発

行する。そして，翌08（明治41）年には「日本図書館協会」と改称し，全国図書館の総合団体となった。

2　大正・昭和期の図書館運動

1915（大正4）年，大正天皇の即位式を記念し，全国に多数の公私立図書館が設立されている。皇室と図書館等のかかわりはこれのみにとどまらない。たとえば，大正天皇が皇太子であった1908（明治41）年9月，石川県の金沢第二中学校を訪れたが，それを記念して「皇太子殿下行啓記念文庫」が創設され，図書室の充実につながっている。

1921（大正10）年に「文部省図書館講習所」が開設され，図書館員の養成が，国によってもおこなわれるようになる。

1927（昭和2）年，大阪に「青少年図書館員連盟」が結成され，機関紙「図書館研究」を発刊する。全国的な図書館学研究団体として活動する。この団体が日本十進分類法（N.D.C），日本目録規則（N.C.R），日本件名標目表（N.S.H）を発表した。いうまでもなく，図書館における根幹をなす規則であり，今日においても，図書館の標準的規則となっている。この団体は，第2次世界大戦中の1943（昭和18）年，一時，解散している。

3　図書館行政の変遷

幕藩体制の地方分権と異なり，明治政府は「中央集権」であったため，公的な図書館のありようは，国の図書館行政と密接な関係にある。つまり図書館関係の法規がどのようなものであるかによって，図書館のありようが決められるということになる。

図書館のことをはじめて記した法規は，1879（明治12）年発布の「教育令」である。それに，図書館は部卿の監督下におかれることが規定される。これは学校と同じ扱いである。また同年，「文部省布達」で公立図書館設置についての基準が明らかにされる。

1890（明治23）年，市町村制が実施，その結果「小学校令」が改正され，図

書館の市町村立が認められた。まだこの時点では，図書館は，幼稚園などとともに小学校と類似した各種学校として扱われている。

　1897（明治30）年，先にも述べたように外山正一らの発議によって「帝国図書館官制」の公布がなされる。

　1899（明治32）年，「図書館令」が交付，最初の単独図書館法規である。これによって，図書館は，その法的地位がはじめて明確にされた。

　1906（明治39）年，「勅令」により，以下のように図書館職員の資格待遇が規定された。

　　図書館職員　館長　待遇は，奏任文官，判任文官と同一
　　　　　　　　司書　待遇は，奏任文官，判任文官と同一
　　　　　　　　書記　待遇は，判任文官と同等

　また，この年，「文部省令」により，図書館の設置，経営についての規定が公布された。

　1933（昭和8）年，「図書館令」が全面的に改正される。注目すべき点のひとつは，次に示す「第1条」のように，図書館の目的を規定し，図書館の教育的地位が明確にされたところである。

　　図書館ハ図書記録ノ類ヲ収集保存シテ公衆ノ閲覧ニ供シ其ノ教養及ビ学術
　　ノ研究ニ資スルヲ以テ目的トス
　　図書館ハ社会教育ニ関シ附帯施設ヲ為スコトヲ得

　ただし，同時に公布された「公立図書館職員令」による職制では，館長以下書記まで事務職員としての職掌しか認められていない。

　次に注目されるのが，道府県中央図書館制度を設け，中央図書館に，同じ道府県館内の図書館の指導権をもたせたことである。中央集権的ではあるが，組織の形成という点では意義のあることである。

　なお「図書館令」では，公立図書館の設置は道府県，市町村の任意設置とされるため，財政力のないところは図書館が設置できないという，地域格差が生じた。

　大学図書館についてもみておく。

1886（明治19）年，「帝国大学図書館規則」の制定。

1897（明治30）年，「東京帝国大学附属図書館規則」が定められる。官制上で図書館長がおかれるようになった。

1911（明治44）年，「勅令」により，司書官，司書の職制が設けられる。

高等諸学校については，「高等学校規定」，「専門学校規定」で，図書室を備えるべきことが規定されている。

なお，1921（大正10）年，図書館学校としての「文部省図書館講習所」が開設。国家として図書館員の養成を必要としたことがうかがわれる。また1936（昭和11）年，「文部省令」をもって「公立図書館司書検定試験」の規定が設けられ，資格基準が明らかにされたが，戦後，その検定制度は廃止されている。

4　帝国図書館

明治政府は，中央集権によって，近代国家の建設をめざしたが，それは教育においても例外ではなかった。

1868（明治元）年3月，京都の「学習院」を開校，同年6月，東京の「昌平学校」を復興し，国家の管轄下においた。

学制が公布されて，学校が誕生した1872（明治5）年9月，東京湯島の旧昌平学校を仮館とし，昌平学校伝来の図書及び開成所の洋書を基として「書籍館」を開設した。官立公共図書館の創始という点で注目される。書籍館では閲覧規則が定められ，閲覧料がとられていた。ちなみに，貴重図書と一般図書では閲覧料が異なっていた。

書籍館には，各地から続々と図書が寄贈されるなど，社会的にも大きな影響を与えたが，1875（明治8）年には内務省の所轄となり，所蔵本すべてが浅草に移され，「浅草文庫」として公開されることになる。さらに，1881（明治14）年には，浅草文庫は農商務省の所属となり，その後，1884（明治17）年には，「太政官文庫」新設の際に，そこに引き継がれることになった。

文部省は，1875（明治8）年，湯島の旧書籍館の建物に「東京書籍館」を設立する。かつての書籍館では閲覧料がとられたが，ここでは徴収されなかった。

また，内務省に納本された新刊図書は東京書籍館に転送され，1876（明治9）年には，図書目録が刊行された。

1877（明治10）年になると，西南の役が勃発したため，財政的な理由で，東京書籍館は東京府に移管され，「東京府書籍館」として新たに出発した。

1880（明治13）年になると，国は東京府書籍館を接収し，再び文部省の所轄とし，「東京図書館」として新たに発足した。

1897（明治30）年，帝国図書館官制が制定され，東京図書館は「帝国図書館」と改称された。

1906（明治39）年，上野に新館が開館される。蔵書数は約24万冊，普通閲覧室250人，特別閲覧室約85人を収するなどし，建物も整備も立派な，当時としてはすばらしい図書館が建てられた。それは東洋随一の近代国家の体裁を誇示するにふさわしいものであった。

『注文の多い料理店』ほかの童話などで知られる宮沢賢治も，上京のおりにはここを利用した。「図書館幻想」という作品も，その利用なくして成されなかったものといえる。なお，宮沢賢治が利用した時期は，関東大震災の罹災により，多くの図書館の蔵書が焼失したなか，罹災を免れた帝国図書館に利用者が集中した時期でもある。

第2次世界大戦の敗戦国となり，「大日本帝国」ではなくなったこともあ

国会図書館   宮内庁書陵部

第9章　日本の図書館の歴史

り，1947（昭和22）年，帝国図書館の名称は「国立図書館」と改称された。また1949（昭和24）年に国立国会図書館支部上野図書館となった。

5　帝国図書館などの設立と出版

　図書館の設立は出版業界にも影響を与えた。一例をあげる。1883（明治16）年3月に出版届が出され，山口恒七，北村孝次郎，梶田喜蔵（いずれも大坂）が出版人となった，近藤法寿編画『小学女礼式』という礼法の教科書がある。これが刊記不明なものの，著者名を記さず『新撰女礼式』と，外題，内題を変えただけで，後に青木嵩山堂から出版された。この『新撰女礼式』の刊記に記された青木嵩山堂の「肩書き」は以下の通りである。

　　　和漢洋書籍発兌処
　　東京帝国大学　京都大学　高等師範学校　第一高等学校　学習院　帝国図書館　御用書肆

　今でも「宮内庁御用達」という，いわば自社製品等の付加価値をなすところがあるが，それと同様なことが出版界でもおこなわれた。上記の学校と帝国図書館を附記することによって，その出版物が信用に足るものであることになったのである。

6　宮内庁書陵部と内閣文庫

　各官庁は，国家的貴重文献を収集，保存するための文庫を設けていた。たとえば，内務省の千代田文庫，司法省文庫，海軍省の海軍文庫，陸軍省の陸軍文庫，などである。太政官の太政官文庫（現在の内閣文庫）と，宮内省の図書寮（現在の宮内庁書陵部）はその代表的なものである。

　1884（明治17）年，宮内省の図書寮が復活，歴代の皇統譜，皇室典範の正本，詔勅，皇室令の正本，および伝世御料台帳に関する事項，天皇，皇族の実録編纂，さらには皇室図書の保管などがなされた。

　その後，1888（明治21）年に壬生小槻家の官務文庫，1890（明治23）年に古賀家万余巻楼の蔵書，1896（明治29）年に徳山毛利家の棲息堂文庫，1909（明治

42）年に伊勢藤波家の蔵書，1916（大正5）年に土御門家の蔵書などの献本があった。また旧幕府の紅葉山文庫，および昌平黌の旧蔵本の一部が引き継がれた。

1884（明治17）年，太政官は諸官省所属の図書を総合収蔵するための文庫を赤坂離宮内につくり，修史館の紅葉山文庫本のほか，宮内，内務，大蔵，外務，文部，農商務，逓信の各省および元老院，会計検査院などの蔵書を全面的に移管した。このときの引継図書は約40万冊といわれる。この文庫を「太政官文庫」と称した。翌年，太政官が廃止，内閣となったので，文庫名も「内閣文庫」と改称された。

1889（明治22）年，内閣文庫が桜田門に新築され，旧内閣文庫の蔵書の一部が移管，翌年，内務省の千代田文庫本もすべて引き継がれる。

1894（明治27）年，内閣文庫は，旧千代田文庫の建物に移される。

1911（明治44）年，内閣文庫は，大手門内に新築された建物に移される。

なお，以後，行政組織上，数次の変遷を経て，1971（昭和46）年総理府設置法の一部改正により，国立公文書館の一課として統合されて現在にいたる。また1998（平成10）年にはつくば研究学園都市内に「つくば分館」が設置されている。2011（平成23）年4月，公文書の保存強化を定めた公文書管理法が施行され，保存対象が増えたため，2016年度末には保管場所がなくなると2013年に試算されている。

国立公文書館

第9章　日本の図書館の歴史　　105

7　新聞縦覧所など

　明治になると，それまでにはなかった新聞，雑誌，翻訳書などが発行され，これらを閲覧することができる「新聞縦覧所」などがつくられることになる。

　印刷されたニュース媒体というならば，すでに「瓦版」が17世紀からあり，1868（慶応4）年5月の『新聞鑒定表』では14種の新聞に批評が加えられている。明治維新以後は，翻訳新聞，正論新聞，小新聞などが発行され，具体的には，バタビア新聞，横浜毎日新聞，郵便報知新聞，東京日日新聞，時事新報，国民新聞，平民新聞などがあった。

　1872（明治5）年以前に設立されたをものに，福井県南条郡武生の新聞会同盟，横浜の新聞縦覧所などがある。その後，こうした施設が各地に設けられるようになる。これは明治期図書館運動の前ぶれという評価がなされている。

　なお，1872（明治5）年に和泉屋吉兵衛より刊行された於菟子訳述『啓蒙知恵乃環』（第百六十五課新聞紙及び書籍の論）に以下のようにある。

　　人の知識見聞を広むるものは新聞紙と書籍に若くはなし。近来新聞紙多く
　　出来書物の出版もますます盛んにして教道芸術に益あるもの日々に多し。

　出版がさかんである社会状況のなか，「益」あるものとして読書がなされたのである。

　また，明治初期に成された教科書類のひとつに師範学校編纂『小学読本』がある。当時の多く県で翻刻・刊行された。その「巻三第十」は読書について書かれている。少し引用が長くなるが，当時のひとつの「読書」観を知るうえで参考になるので，以下に全文をあげる。

　　爰に，二人の童子あり，一人は，手に書を持ちて，これを読めり，此童子は，勉強して，能く書を読むと，見えたり。其書は，<u>久しく用ゐたるものなれども，猶新き物の如し</u>，因りて此童子は，怠惰ならずして又書を大切<u>にすることを，知れり</u>，彼は，日々学校に行きて，小学読本を学び，習ひ得たる所の，章は，能く暗誦して，忘るゝことなかるべし，

　　今一人の童子は怠惰のものと，見えたり，何如にとなれば，彼が持ちたる書，<u>悉汚れ，また所々，裂け破れたるゆゑなり</u>，此童子は，労して，書

を読むと雖，忘れたる処，数箇条なれば，読むこと，能はず，彼は，固り書を好まざるゆゑに，かく学びたる所を，多く忘るゝなり，

汝は，彼の顔色を見て，書を好まざることを，知れりや，○彼の顔色は，怠惰なるを表せり，彼もし善良にして，能く書を読むことを好まば，其顔色，斯の如くに，見ゆることなし，善良なる童子は，斯る顔色とは，異にして，必聡敏に，見ゆるものなり，彼は，能く心を用ゐざるゆゑに，其書も，破れ汚れたり，斯る懈怠のものは，遂に困窮，卑賤の身と，なるべければ，尤も誡むべきことならずや

近代礼法書掲載「図書館」

　吉田右子は『メディアとしての図書館　アメリカ公共図書館論の展開』(日本図書館協会，2004年，p.4)で，アメリカの近代公共図書館思想について「その思想的中核には，図書を介して利用者である市民の自己改善をうながし深め，その中から個人の自己発展を導こうとする教育的色彩が強くみられた」とするが，日本の場合も「読書」の効用が上記のように説かれている。

8　明治期の公共図書館

　1872 (明治5) 年，京都で発足した集書会社は，京都府庁保管の旧学習院本，皇学所の大御学都可佐文庫本，二条城引き継ぎのときの接収図書などを貸与された。1873 (明治6) 年，京都府所管の集書院として新発足するが，1882 (明治15) 年，来館者が少ないという理由で閉鎖される。

　石井敦・前川恒雄『図書館の発見　市民の発見』(→98頁)では，評価が分かれていることを述べ，福沢諭吉の『西洋事情』を引用して「ビブリオテーキ」を真似して設けた点と，みんなで金や本を出し合う会員制図書館 (Subscription Library) を目指したことなどが，公共図書館の先駆的なものとして評価される

のである，とする。

なお，1890（明治23）年には，京都府教育会の図書館が開設されている。

このほかの地方公開図書館としては以下のものなどがある。

1872（明治5）年　群馬県安中町に私費で設立された，いわゆる通俗図書館「便覧社」は，一般人が無料で閲覧できた。

1873（明治6）年　青森県八戸町に私立八戸書籍縦覧所が設立される。その後，公立八戸書籍館，八戸青年会附属図書館，八戸町立図書館などの変遷を経て，今日の八戸市立図書館にいたっている。

1874（明治7）年　この年に設立された共存同衆文庫は，当時の文明開化主義の知識人たちによって共同経営されていた。

1875（明治8）年　石川県鳳至郡剱地村に饒石文庫が設立される。

1876（明治9）年　大阪府立書籍館及び埼玉県立浦和書籍館が設立される。

1877（明治10）年　大阪住吉大社内に書籍縦覧所において「住吉御文庫」の図書が無料公開される。

1878（明治11）年　静岡師範学校内に静岡書籍館が開設される。

このように，1872（明治5）年以後，次第に図書等を閲覧する施設が設けられ，これが公共のために公開図書館を設立しようとする機運となっていったとされる。

1887（明治20）年　大日本教育会が神田一ツ橋の事務所内に附属図書館を開館する。それは東京図書館から和漢書約1万5,000冊の貸与を受けていた。児童室も公開されていることから，わが国の児童図書館のはじめという評価もある。

1889（明治22）年　大日本教育会は神田柳原に移転する。文部省は，東京図書館の分館的性格を持たせていた。

1891（明治24）年　書庫を新築し，「大日本教育会書籍館」となる。1911（明治44）年に東京市に引き継がれ，「東京市立神田簡易図書館」として新発足した。

大日本教育会書籍館の活動は，地方教育会にも影響を与える。地方教育会は，1899（明治32）年の図書館令の公布まで，地方における公開図書館の設立運動

を促進した組織であり，図書館令公布も，地方教育会の図書館設置運動がなくてはならなかったとみられる。

　1888（明治21）年　高知図書館の運営は高知教育会に委託される。

　1890（明治23）年　京都府教育会図書館が設置され，1898（明治31）年に京都府立図書館に発展した。

　1892（明治25）年　千葉県教育会付属図書館が設置され，その後，千葉県立図書館の基礎となる。

　1900（明治33）年　山梨県教育会，前橋市立上野教育会などの付属図書館が設置される。

　1899（明治32）年　図書館令が公布されたため，公立図書館及び私立図書館が多く設立される。近代図書館史上，最も注目される活動をした図書館長の1人佐野友太郎が赴任した秋田県立秋田図書館は1899（明治32）年，山口県立図書館は1902（明治35）年に設立されている。

　以下，公立図書館及び私立図書館の設立を時系列にあげておく。

1899（明治32）年	松江図書館
1900（明治33）年	群馬県上野教育会附属図書館など
1901（明治34）年	成田図書館
1902（明治35）年	鹿児島県教育会付属図書館，大分県教育会福沢記念図書館，鳥取文庫，大橋図書館など
1903（明治36）年	山形県教育会山形図書館，盛岡図書館，足利学校遺跡図書館，東大寺図書館，弘前図書館など
1905（明治38）年	香川県教育会図書館など
1906（明治39）年	東京市立日比谷図書館など
1907（明治40）年	青森市立図書館など
1908（明治41）年	和歌山県立図書館，福島市立図書館，福井市立図書館など
1909（明治42）年	岐阜県教育会図書館，山形県立図書館など
1910（明治43）年	沖縄県立図書館など
1911（明治44）年	神戸市立図書館
1912（明治45）年	石川県立図書館，長崎県立図書館，熊本県立図書館など

上野帝国図書　　　　　　　　　　日比谷図書館

9　大正・昭和期の公共図書館

　公共図書館の設立に大きな影響を与えたのが，大正の御大典記念事業であった。これにより多くの公共図書館が設立された。その規模，施設整備などについて詳しくはわからないが，単純に数だけに着目すると，1915（大正4）年3月現在調査によれば，公私立公共立図書館総数702館のうち，私立は半数を超える408館であったが，府県立21館，市立31館，郡立47館，町立55館，村立140館となっている。

　1923（大正12）年におきた関東大震災は図書館にも多大な被害をもたらし，大橋図書館などの公共図書館，また安田善次郎の松廼舎文庫，井上通泰の南天荘文庫などの貴重な個人文庫が焼失した。

　しかし，大正後期の経済の発展にともない，各府県の公私立公共図書館も増加した。公立としては1924（大正13）年に千葉県，埼玉県，北海道庁，1925（大正14）年には函館市，1928（昭和3）年には青森県，その後，県立では福島，長野，佐賀，鳥取，山梨，大分，岐阜，香川，愛媛，三重，富山，滋賀，島根などが新設された。それらの各館は，1933（昭和8）年の図書館令に基づく県立中央図書館として，その機能を発揮することになる。

　また市立では西宮，金沢，岸和田，広島，三原，宇治山田，八幡，門司，直方，東京の中野，寺島，清水，戸畑，甲府などの図書館が新設された。

　私立図書館としては，大正末期から昭和にかけて，酒田光丘文庫，東京の青山会館図書館，川崎の大師図書館，銚子の公正図書館，野田の興風会図書

右／現・弘前市立図書館
左／旧・弘前市立図書館

館，近畿では宝塚文芸図書館，奈良の天理図書館，滋賀県の近江兄弟社図書館，京都の和風図書館，九州日出の帆足記念図書館，佐賀県白石の弥栄郷土図書館，四国では丸亀市図書館，坂出の鎌田共済会図書館，琴平の金刀比羅宮図書館，天理教本島図書館，高知県佐川町の青山文庫，中国では津山基督教図書館，金光図書館，岡山県西江原町の興譲館図書館，中部北陸では高岡の眉丈文庫，仏子仏教図書館，富山の浅田図書館など全国的に多数の図書館が設立された。

　こうしたもののなかには神社，寺院あるいは教団などの設立するものが多く含まれている。

　1940（昭和15）年，2600年の祝賀を記念して，その前後に図書館の新設が多くなされた。1940（昭和15）年には，大和橿原文庫，下関市立図書館，新居浜図書館，佐世保市立図書館，富山県立図書館，私立近江兄弟社図書館などが開設された。

　なお日本文化研究の気運に関連して，1932（昭和7）年には大倉精神文化研究所付属図書館，1935（昭和10）年には国際文化振興会図書室，1939（昭和14）年には福岡の斯道文庫，官立の国民精神文化研究所図書室などが新設された。

　科学技術関係では，東京科学博物館図書室，特許局図書館など，また私立では日本労働科学研究所図書室などが設けられた。

　また軍需品生産工場には調査室，資料室などが設置され，大工場には，従業員のための教養文庫が整えられたり，公共図書館から国策図書で構成された巡回文庫がとどけられた。

　1941（昭和16）年以後，太平洋戦争中は，図書館の読書指導が，国策図書の

推薦に重点がおかれるなどした。

10　学校・大学図書館

　学校の附属施設としての図書館的なものは，古くから設けられていた。1859（安政6）年，渡米して，近代的図書館を視察した勝海舟が関与した軍艦操所や，神戸海軍操練局には図書室が設けられていた。

　その後，1869（明治2）年に設置された海軍兵学寮に設けられた文庫は，閲覧規則が設けられており，図書台帳，出納簿などが備えられ，係員2人が配置されており，明治期の近代的学校図書館として最も古いものとみなされている。

　1877（明治10）年，学習院が神田錦町に開校された。3,183部，1万5,406巻という数の和漢洋の蔵書を備えていた。その後，1883（明治16）年に独立の図書館が新設され，1884（明治17）年に官立学校となり，1908（明治41）年に現在の目白校舎に移転，翌年，新築の図書館が成る。

　学習院開校と同じ1877（明治10）年に，法理文医四科の総合大学として東京大学が設立された。法理文学部には図書館が，医学部には書籍室が設けられた。その後，1884（明治17）年，法理文学部は本郷に移転，そこにも図書館が設けられた。1886（明治19）年3月，東京大学は帝国大学と改称され，それにともない同年10月に帝国大学図書館規則が制定される。それによって中央図書館としての地位が明らかにされた。1893（明治26）年，新築の図書館が開館される。1897（明治30）年6月，京都帝国大学が設立されたため，帝国大学は東京帝国大学と改称され，図書館は「付属図書館」となった。1923（大正12）年，関東大震災により全焼したが，1928（昭和3）年12月，鉄筋コンクリート建の大図書館が再建され，指定図書閲覧室，小研究室，参考図書室など新しい奉仕制度がとり入れられる。

　なお明治大学，専修大学，日本大学，東京商科大学，東京高等工業学校などの図書館も被害をこうむった。そのため，こののちは図書館は，耐震耐火建築，すなわち鉄筋コンクリート建，書庫は鉄製書架構造様式が重視されるようになった。

京都帝国大学付属図書館は，1899（明治32）年12月開館し，建物が新築されるなどし，今日にいたっている。その他，各地の師範学校，中学校で図書館を付設するものもあったが，明治期，大学や専門学校では，次のような図書館が開館している。

1882（明治15）年	神宮皇学館図書部，大谷大学の前身高倉学寮文庫，東京専門学校図書館
1884（明治17）年	第一高等学校図書室
1885（明治18）年	中央大学図書館
1887（明治20）年	同志社大学図書館
1898（明治31）年	慶應義塾大学図書館

　大正期以後にも多くの学校図書館が設けられ，学校教育に必要な施設となっていく。

11　私設図書館

　明治中期以降にいたって，次第に教育が普及し，国民文化が高まるにつれて，国家的自覚も深められ，維新以来，省みられなかったわが国伝統文化に対して，次第に新しい認識が高まるにいたった。

　ことに明治中期以降，政府の古美術，文化財の保護政策は，古典尊重の精神を喚起し，やがてこれが図書にも及び，旧家は家祖伝来の図書を保存し，富豪などは貴重図書を収集して文庫を設け，さらに書誌学の発達とあいまって，私設図書館の発展となる。

　個人文庫の例として，ともに滋賀県にあった杉野文庫と里内文庫について述べる。

　弁護士であった杉野文弥の杉野文庫は，1906（明治39）年「財団法人江北図書館」となり，現在にいたる。呉服商であった里内勝治郎は，1908（明治41）年に児童図書の「巡回文庫」を開始，後に里内文庫をつくり，閲覧のほか，展覧会，講習会もおこなう。約1万冊あったとされる蔵書のうち，歴史資料の多くは，現在，栗東歴史民俗博物館が所蔵する。図書館で勉強し，法学院（現・中央大学）に入学，弁護士になることができた杉野文弥は「ああ図書館という

ものは有り難いものである」と述べ，里内勝治郎は「本で生き本で死ぬるわが世かな文庫のことは夢のまた夢」という，豊臣秀吉のものを踏まえた辞世歌を残す。社会的な図書館の価値に求めるか，愛書に求めるか，施設文庫開設の主な動機がうかがわれる。

さて，その他，主なものに以下の文庫がある。

〈成田図書館〉

1902（明治35）年，千葉県の成田山神護新勝寺第15貫主石川照勤によって設立される。ここで発行された「館報」は公共図書館としては最初のものかとされる。今日ではあまり注目されないが，明治以来の貴重な資料が所蔵されている。

〈大橋図書館〉

1902（明治35）年，出版社「博文館」の創立者大橋佐平，新太郎によって設立された。博文館は，書籍にとどまらず，多くの雑誌を発刊し，全国に「雑誌大売捌所」を設けるなどして，近代出版史上，最も注目すべき出版社である。

〈南葵文庫〉

1902（明治35）年，麻生飯倉町の邸内に，徳川頼倫は，紀州徳川家関係の子弟らの閲覧のために，図書館「南葵文庫」を開設した。1908（明治41）年には一般公開された。その蔵書は，旧藩以来の図書に個人文庫を加えたものであった。1923（大正12）年，大震災で全焼した東京帝国大学図書館に，頼倫は，南葵文庫の全蔵書を寄贈した。

〈蓬左文庫〉

1932（昭和7）年，目白の尾張徳川邸に隣接して設立した図書館「蓬左文庫」は，家康の御譲本を基礎とする。現在，名古屋で一般公開もなされている。また，徳川林政史研究を目的とする歴史研究室も附属していた。

〈松廼舎文庫と安田文庫〉

第2代安田善次郎が収集した蔵書の文庫「松廼舎文庫」は，関東大震災で焼失した。その後，安田家では新たに図書が収集され，麹町区平河町の自邸内に，いわゆる「安田文庫」が設けられた。

〈静嘉堂文庫〉

岩崎弥之助は,日清戦争前後から貴重書を収集し,多数の宋元版を所蔵した。その文庫は,駿河台の岩崎邸内に設けられていたが,1911（明治44）年,高輪邸前の新図書館に移転した。嗣子小弥太も集書し,1924（大正13）年,玉川河畔紅葉山に図書館を新築し,これを研究家に公開していた。これが現在の静嘉堂文庫である。

〈東洋文庫〉

前中華民国総統府顧問モリソン（George Ernest Morison）は東洋文献を収集した。その文庫「アジア文庫」（Asiatic Library）は,大正初年頃,東洋文献の図書においては最大とされた。1917（大正6）年,岩崎久弥がその全蔵書を購入し,その後,日本,印度,蘭領印度関係の部門を設け,これらを総合して東洋文庫といった。1923（大正12）年,本郷駒込上富士町に新館を開設し,東洋文庫と岩崎久弥の集書の岩崎文庫を合わせる。

〈楂柅書屋〉

東京日本橋の小田原屋早川竜助の「楂柅書屋」は,植物に関する洋書文献を主とする,いわば植物学文庫であったが,関東大震災のときに焼失した。

〈杏雨書屋〉

大阪の製薬商武田長兵衛の「杏雨書屋」は,本草関係和漢書を主とする,いわば本草学図書館である。

〈黒川文庫〉

黒川春樹,真頼,真道三代は,明治・大正期の学者としてよく知られる。日本の歴史,国文学関係の学術文献を中心とする集書による黒川文庫は,関東大震災により,書庫2棟のうち1棟を焼失した。

〈竹柏園文庫〉

竹柏園文庫は,歌人として知られる佐々木信綱の文庫で,御記,宸翰,神道,国学,国史関係の図書を多数所蔵した。

〈神宮文庫〉

神宮文庫は,伊勢神宮の神社文庫であり,神宮皇学館の図書館を兼ねていた。

1925（大正14）年，近代的図書館が新築され，現在にいたる。

〈その他〉

　旧藩主の文庫としては，加賀前田家の尊経閣文庫，徳山毛利家の棲息堂文庫，備前池田家の文庫など，公家関係では近衛家の陽明文庫，富豪の文庫としては三井家の三井文庫などがある。

　また，学者の文庫としては，井上通泰の南天荘文庫，徳富猪一郎の成簣堂文庫などがあった。

12　寺社関係の文庫

　神社関係では，讃岐の多和神社の多和文庫，京都八坂神社の八坂文庫，金刀比羅宮図書館がある。なお多和文庫は，多和神社（香川県さぬき市志度）の宮司であった松岡調（みつぎ）の蒐集した書籍等をおさめるもので，1885（明治18）年に松岡が散逸を恐れて境内に創設した文庫である。先に述べた羽田八幡宮文庫も，何故に八幡宮に設けられたかといえば，伊勢神宮の例にならい，神社の境内に文庫を建てて神の宝とすれば永代伝えられると考えたからである。こうした発想は，当時の社会文化を反映したものと思われる。その意味で，図書館文化史的には注目される。なお，羽田八幡宮文庫所蔵本は一端は散逸してしまうが，その多くは，現在，豊橋市立中央図書館に所蔵されている。また多和文庫も現存する。

　寺院文庫では，真福寺文庫，叡山文庫，東大寺図書館，京都智積院の智山書庫などが知られる。

13　通信制図書館

　藩主・貴族・学者・神社・寺院といった伝統的なものと異なる，いかにも明治らしい図書館として通信制図書館がある。これには，1898（明治31）年開設の「山縣図書館」，1906（明治39）年に回覧が開始された「婦女新聞図書回覧会」がある。永嶺重敏『〈読書国民〉の誕生　明治30年代の活字メディアと読書文化』（日本エディタースクール出版部，2004年，p.49）では次のように評されている。

通信制図書館は，郵便という近代になって新しく普及してきたコミュニケーション手段を活用して，書店も図書館もない地域に住む全国の読者に書籍雑誌の貸出をおこなおうとする壮大な試みであった。

> 考えてみよう・調べてみよう

1. 金沢文圃閣から発行されている「文圃文献類従シリーズ」には，図書・図書館史に関する基礎資料がある。それはどのようなものか調べてみよう。
2. 文庫や藩校での図書の扱い方について調べてみよう。
3. 西尾市岩瀬文庫の歴史について調べてみよう。

> 読書案内

岩猿敏生『日本図書館史概説』（日外アソシエーツ，2007年）は，要点をおさえてまとまっている。

日本図書館協会が，創立百年を記念して編集・発行した『近代日本図書館の歩み』（1992年）は，本編と地方編からなる。近代日本の図書館史を知るうえでの基礎図書。

石井敦『新聞集成図書館第Ⅰ～Ⅳ』（大空社，1992年）は，図書館に関する新聞記事を編纂したもので，基礎資料。

図書館運動については，小川徹他『公共図書館サービス・運動の歴史1　そのルーツから戦後にかけて』（日本図書館協会，2006年。JLA図書館実践シリーズ4），小川徹他『公共図書館サービス・運動の歴史2　戦後の出発から現代まで』（日本図書館協会，2006年。JLA図書館実践シリーズ4）が基礎図書。

第10章
現代日本の図書館

❏ 本章の要点

　第2次世界大戦に敗れた日本は，アメリカの強い影響を受けながら，公共，学校，大学，専門などの各種図書館活動が展開していく。図書館制度の進展，すなわち国立国会図書館法，図書館法，学校図書館法などが公布された。こうした，現代の図書館のありよう，また，置かれた環境について把握する。

キーワード

　国立国会図書館，CIE図書館，図書館法，中小リポート，学術情報ネットワーク，機関リポジトリ

1　図書館行政と図書館活動

　1945（昭和20）年8月，第2次世界大戦に敗れた日本は，ポツダム宣言のもと連合国に占領されたなかで，図書館行政がなされていった。

　1946（昭和21）年3月，第1次米国教育使節団が来日，図書館事業のあり方について勧告をおこなう。さらに1950（昭和25）年，米国教育使節団が来日，図書館学者も来日して指導と勧告をおこなった。これによって，中央集権的性格の強かった戦前の図書館行政が，地方分権的な面も持つようになった。

　今日，我が国の図書館の設置主体をあげると主なものは以下のようになる。

- 国
- 地方公共団体
- 法人
- 任意団体

- 公共企業体
- 私企業体

　設置主体が異なれば行政系統も異なる。たとえば，国立国会図書館は国会法，公共図書館は社会教育法の図書館法，学校図書館は学校教育法といった具合に，法律によっており，さらに総理府外局の宮内庁書陵部などのように所官省の設置法に基づく図書館などもある。こうしたなか，学校図書館は全国学校図書館協議会，公共図書館は日本図書館協会公共図書館部，国立大学は国立大学図書館協議会，私立大学は私立大学図書館協会，公立大学は公立大学図書館協議会，短期大学は短期大学図書館協議会，その他専門図書館協議会が結成され，その組織内で連絡協力をおこない，資料の交換，相互貸借，情報の提供などがおこなわれたりもする。

　現在，図書館は，多くの市民に図書や情報資料を提供するため，開架制を採用し，館外貸出をおこない，目録を整備して，レファレンス・サービスに力を注ぎ，館外活動を展開しつつある。

2　国立国会図書館の役割

　1946（昭和21）年，第90回帝国議会において，戦災図書館の復興促進に関する建議案，都道府県市町村における読書施設の普及に関する請願，図書館の普及拡充に関する建議案そのほか，図書館に関する案件が多く提出された。

　1947（昭和22）年4月，旧赤坂離宮内に国会図書館が開設され，初代館長に新憲法草案の功労者金森徳次郎が就任した。

　1947（昭和22）年12月，米国議会図書館のバーナー・クラップ，及びアメリカ図書館協会のチャールズ・ブラウン両顧問が来日し，米国議会図書館に範をとって，1948（昭和23）年2月に国立国会図書館法が制定され，その公布をみた。

　その目的は，国会，官庁及び国民に奉仕する図書館としての機能を明確にしたもので，第2条に以下のように記されている。

　国立国会図書館は，図書及びその他の図書館資料を蒐集し，国会議員の職務の遂行に資するとともに，行政及び司法の各部門に対し，更に日本国民に対し，

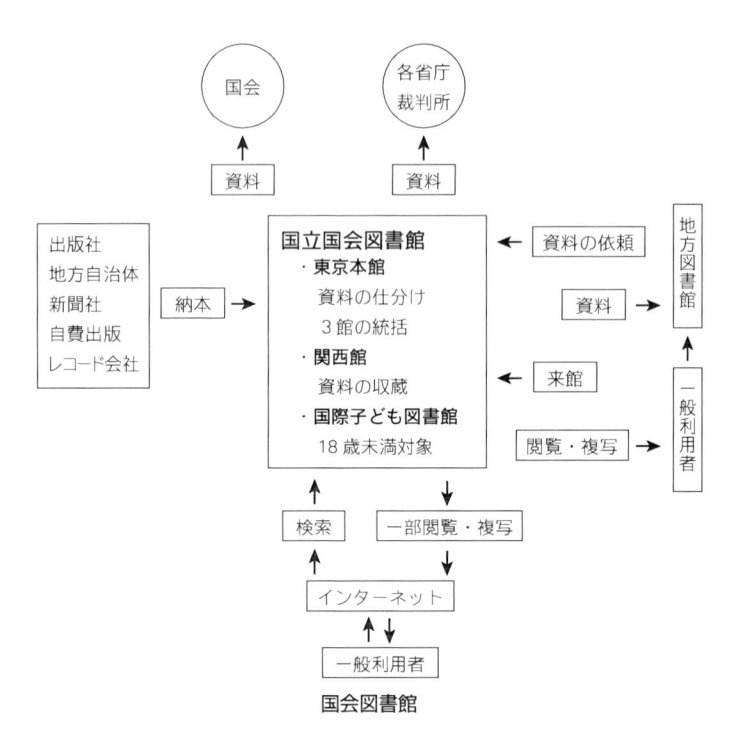

```
                  国会      各省庁
                           裁判所
                   ↑         ↑
                  資料       資料

  出版社              国立国会図書館      ← 資料の依頼
  地方自治体           ・東京本館
  新聞社      納本     資料の仕分け        資料        地
  自費出版     →      3館の統括          →         方
  レコード会社          ・関西館                      図
                     資料の収蔵         ← 来館       書
                     ・国際子ども図書館              館
                     18歳未満対象       閲覧・複写    ↑
                                                  一
                      ↓        ↓                  般
                    検索    一部閲覧・複写           利
                      ↓        ↑                  用
                    インターネット                   者
                      ↑↓
                    一般利用者

                      国会図書館
```

この法律に規定する図書館奉仕を提供することを目的とする。

　このほか，国内の図書館には，資料収集や，利用の連絡及び技術援助をおこない，外国に対しては，日本の図書館を代表して国際協力することとなった。

　1948（昭和23）年6月，アメリカからダウンズ（Downs, R. B.）が国立国会図書館の顧問として来日した。図書の整理，奉仕，図書館の組織などについて，ダウンズの意見を参考に，各種の付属規則，規程が制定されるなどして，国立国会図書館の経営に大きな影響を与えた。

　国立国会図書館は，従来，各行政府にあった図書館をすべて支部図書館とし，国立上野図書館のほか，東洋文庫，静嘉堂文庫などの9民間の特殊図書館なども支部図書館とした。

　また，納本制度により，国立国会図書館には，国内出版物が網羅的に収集されている。また，外国出版物も，各国の官庁出版物，科学・技術関連資料が収

集され，P.B. レポート，原子力関係資料及び逐次刊行物などが整備されている。また，「全日本出版物総目録」，「雑誌記事索引」などの出版もおこなわれている。

2002（平成14）年度から国立国会図書館は以下の3館により役割が分担され運営されている。

東京本館	国会へのサービスの拠点 利用者の調査研究に役立つレファレンスサービスなど
関西館	電子図書館事業，図書館協力事業，遠隔利用サービスの窓口機能など
国際子ども図書館	児童サービスにかかわる類縁機関との連携協力，研修，学校図書館へのサービスや支援など 国際的な視野に立つ国立の児童図書館としての役割

3　国立国会図書館の電子化

国立国会図書館では，1998（平成10）年に「国立国会図書館電子図書館構想」を策定し，資料の電子化をすすめている。

2000（平成12）年，明治期刊行図書の著作権処理を開始した。著作権保護期間の満了を確認できた資料，及び，著作権者の許諾を得られた資料からデジタル化をおこない，2002（平成14）年に約3万3,000点の資料を「近代デジタルライブラリー」としてインターネット提供が開始された。その後も提供資料数を増やし，現在にいたる。

なお，明治期刊行図書の著作権の有無を調査した結果，全著作者の7割にあたる51,712名の著作権の有無が不明という結果が出されている。

2012（平成24）年の著作権法改正により新設された第31条第3項に示すように，国立国会図書館は，絶版等資料にかかわる著作物について，図書館等において公衆に提示することを目的とする場合には，記録媒体に記録された当該著作物の複製物を用いてインターネット送信をおこなうことができるようになった。

国立国会図書館と総務省は，2011（平成23）年3月に発生した東日本大震災に関するデジタルデータを一元的に検索・活用できるポータルサイト「国立国

会図書館東日本大震災アーカイブ」(愛称：ひなぎく)を2013（平成25）年3月に公開した。「ひなぎく」では，東日本大震災に関するあらゆる記録・教訓を次の世代へ伝え，被災地の復旧・復興事業，今後の防災・減災対策に役立てるために，関連する音声・動画，写真，ウェブ情報等を包括的に検索することができる。

　国立国会図書館の活動等の最新の情報は，そのホームページ等で得ることができる。

4　公共図書館

　1945（昭和20）年，アメリカ軍は，東京にCIE図書館を開設，図書館サービスとともに，日本人にアメリカ的公共図書館経営の実際を指導した。

　その後，名古屋，京都，福岡，札幌，新潟，長野，高松など，21ヵ所にCIE図書館が開設された。

　さらにアメリカ図書館の実際を視察させるため，日本の図書館員の渡米の機会を与え，アメリカ図書館学文献を紹介し，図書館指導をおこなった。

　アメリカの指導による，アメリカの図書館活動の方式が取り入れられたため，公共図書館の多くは開架式や館外貸出を採用し，レファレンス・サービスが重視された。

　主題別参考資料室もある公共図書館も現れたが，1949（昭和24）年には，千葉県立図書館の「ブック・モービルひかり号」（移動図書館）が県内を巡回して図書館活動がおこなわれた。今日では全国的になり，公共図書館の図書館活動は，館内のみでなく，館外活動にも重点がおかれるようになっている。

　1947（昭和22）年に「教育基本法」が公布され，それに基づいて，1949（昭和24）年に公布された社会教育法では，公民館，図書館，博物館などの社会教育施設に対する運営の方針が明らかにされた。そして関係法規として，1950（昭和25）年4月に「図書館法」が独立法として公布される。1949年に採択されたユネスコの「公共図書館宣言」によれば，公共図書館は国内全域への公共図書館サービスの提供を定めた法律に基づく設立でなければならないことが示され

ている。「図書館法」がこの法律にあたる。

　図書館法によると公共図書館は，国立図書館と市立図書館とに分けられ，さらに同法によると公立図書館では入館料を徴収してはならないこととなった。

　1960年代になると，中小都市における公共図書館の現状は，住民の要求に応えるには必ずしも十分ではないとし，その現状を変えるための方策，今後の方向性を探ろうという動きがおこった。その結果，1963（昭和38）年に『中小都市における公共図書館の運営』（略称『中小レポート』）としてまとめられ，日本図書館協会より刊行された。

　『中小レポート』は，公共図書館の資料提供機能の重要性について述べ，「中小公共図書館こそ公共図書館の基盤である」とする。

　1970（昭和45）年には、東京都日野市立図書館の提言と理論を再構成して作られた『市民の図書館』が日本図書館協会より刊行された。図書館関係者だけではなく一般市民にも読まれ，公共図書館が広く理解されるようになった。

　1980年代になると，図書館業務へのコンピュータ導入が進められる。貸出業務，オンライン閲覧目録（Online Public Access Catalog: OPAC）の作成，データベースの活用による情報検索などに及び，1980年代後半から商用データベースとして提供されるオンライン・データベースの数が増え，またCD-ROMによりオフライン・データベースが普及したため，コンピュータは，現在，必要不可欠な道具になっている。

　図書館が設置された町村と設置されない町村との間に生じた地域格差をなくすために，1982（昭和57）年，日本図書館協会は「町村図書館活動振興方策検討臨時委員会」を設置した。

　1987（昭和62）年，この委員会は「臨時」ではなく「常設」の委員会となり，既存の町村立図書館の活性化をはかるとともに新しく設置する町村立図書館について具体的な対策を検討した。その結果，地域住民の身近にいつでも利用できる公共図書館を設置するという活動が，市区から町村へと広がった。

　1990（平成2）年1月，中央教育審議会は「生涯学習の基盤整備について」を答申，1990（平成2）年6月，「生涯学習の振興のための施策と推進体制等の整

備に関する法律」いわゆる「生涯学習振興法」が成立した。

1992（平成4）年7月，生涯学習審議会は「今後の社会の動向に対応した生涯学習の振興方策について」を答申した。そのため公共図書館も生涯学習における役割を担うことが期待されるようになった。

1998（平成10）年10月，生涯学習審議会社会教育分科審議会計画部会図書館専門委員会から「図書館の情報化の必要性とその推進方策について」の報告書が提出された。

1990年代以降，公共図書館は，生涯学習や高度情報化などの社会の変化に対応するために，利用対象者別の図書館サービス，集会活動，情報サービス，図書館利用教育などの充実をめざしたサービスが展開されるようになった。

文部科学省「公立図書館の設置及び運営上の望ましい基準」（2001（平成13）年7月）には，「都道府県立図書館」について，以下のようにある。

(1) **運営の基本**

都道府県立図書館は，住民の需要を広域的かつ総合的に把握して資料及び情報を収集，整理，保存及び提供する立場から，市町村立図書館に対する援助に努めるとともに，都道府県内の図書館間の連絡調整等の推進に努めるものとする。

都道府県立図書館は，図書館を設置していない市町村の求めに応じて，図書館の設置に関し必要な援助を行うよう努めるものとする。

都道府県立図書館は，住民の直接的利用に対応する体制も整備するものとする。

都道府県立図書館は，図書館以外の社会教育施設や学校等とも連携しながら，広域的な観点に立って住民の学習活動を支援する機能の充実に努めるものとする。

(2) **市町村立図書館への援助**

市町村立図書館の求めに応じて，次の援助に努めるものとする。

ア 資料の紹介，提供を行うこと。

イ 情報サービスに関する援助を行うこと。

ウ　図書館の資料を保存すること。
　　エ　図書館運営の相談に応じること。
　　オ　図書館の職員の研修に関し援助を行うこと。
(3) **都道府県立図書館と市町村立図書館とのネットワーク**
　都道府県立図書館は，都道府県内の図書館の状況に応じ，コンピュータ等の情報・通信機器や電子メディア等を利用して，市町村立図書館との間に情報ネットワークを構築し，情報の円滑な流通に努めるとともに，資料の搬送の確保にも努めるものとする。
(4) **図書館間の連絡調整等**
　都道府県内の図書館の相互協力の促進や振興等に資するため，都道府県内の図書館で構成する団体等を活用して，図書館間の連絡調整の推進に努めるものとする。
　都道府県内の図書館サービスの充実のため，学校図書館，大学図書館，専門図書館，他の都道府県立図書館，国立国会図書館等との連携・協力に努めるものとする。
(5) **調査・研究開発**
　都道府県立図書館は，図書館サービスを効果的・効率的に行うための調査・研究開発に努めるものとする。特に，図書館に対する住民の需要や図書館運営にかかわる地域の諸条件の調査・分析・把握，各種情報機器の導入を含めた検索機能の強化や効率的な資料の提供など住民の利用促進の方法等の調査・研究開発に努めるものとする。
(6) **資料の収集，提供等**
　都道府県立図書館は，3の(9)により準用する2の(2)に定める資料の収集，提供等のほか，次に掲げる事項の実施に努めるものとする。
　　ア　市町村立図書館等の要求に十分応えられる資料の整備
　　イ　高度化・多様化する図書館サービスに資するための，郷土資料その他の特定分野に関する資料の目録，索引等の作成，編集及び配布

(7) 職員

都道府県立図書館は，3の(9)により準用する2の(8)に定める職員のほか，3の(2)から(6)までに掲げる機能に必要な職員を確保するよう努めるものとする。

(8) 施設・設備

都道府県立図書館は，3の(9)により準用する2の(11)に定める施設・設備のほか，次に掲げる機能に必要な施設・設備を備えるものとする。

　ア　研修
　イ　調査・研究開発
　ウ　市町村立図書館の求めに応じた資料保存等

(9) 準用

市町村立図書館に係る2の(2)から(11)までの基準は，都道府県立図書館に準用する。

都道府県立図書館の主な役目が知られる。

2006（平成18）年3月，「これからの図書館像—地域を支える情報拠点をめざして—(報告)」（以下，本書では「これからの図書館像」と略する）が公表された。「公立図書館の設置及び運営上の望ましい基準」施行後の社会や制度の変化，新たな課題等に対応し，地域や住民に役立つ図書館となるために必要な新たな視点や方策等について提言をおこなっている。

具体的には，以下の取り組みを提案している。

①住民の生活や仕事，自治体行政，学校，産業など各分野の課題解決を支援する相談や情報提供の機能を強化すること。

②図書館のハイブリッド化，すなわち，印刷資料とインターネット等を組み合わせた高度な情報提供をめざすこと。

③学校との連携による青少年の読書活動の推進をはかり，行政・各種団体等との連携による相乗効果を発揮すること。

④図書館の資源配分の見直し，職員の意識改革・資質・能力の一層の向上，利用者・利用団体への積極的な広報，利用者の視点にそった弾力的な運営

や評価を通じて図書館経営の改革を図ること。

2012（平成24）年12月,「図書館の設置及び運営上の望ましい基準」(平成24年12月19日文部科学省告示第172号)が施行された。「これからの図書館像」の提言および図書館法の改正を踏まえた内容が新たに盛り込まれ,「公立図書館の設置及び運営上の望ましい基準」を改正したものである。改正の主な特徴としては,

①これからの社会は知識基盤社会であり,知識や情報の重要性を示していること,

②司書の確保と資質・能力の向上に十分留意することを示していること,

③利用者及び非利用者である住民の要望とともに社会の要請を挙げていることがあげられる。また,私立図書館や,図書館資料の組織化,地域の課題に対応したサービスの内容などを追加している。

図書館の運営制度としては,2003（平成15）年9月に地方自治法が改正され,指定管理者制度が導入された。この制度は,旧来の管理委託制度が変更されたもので,民間団体（民間企業,特殊法人,NPO法人,地域団体等）を指定管理者として指定し,公の施設の管理を代行させることができるとするものである。指定管理者制度導入の目的は,民間団体の努力や創意工夫を通じて,自治体の財政負担の軽減やサービス向上を図るというものである。サービス向上の具体的な効果としては,利用者ニーズに応じたサービスの提供,開館日・開館時間の拡大,職員・スタッフの接遇向上,利用料金の低下,自主事業の実施といったものがある。

一方,指定管理者制度の導入・運用が適切におこなわれなかったために,十分なサービス提供ができなくなるケースも見受けられる。たとえば,指定管理者の撤退によるサービスの停止,極端なコスト縮減等によるサービスの低下,適切な人材の確保が困難になる,といったことが生じている。

図書館・博物館においては,とくに,適切な運営スタッフの確保を前提とした,良質なサービスを継続的に提供することが非常に重要であり,指定管理者制度には賛否がある。

5　学校図書館

1947（昭和22）年5月に交付された学校教育法施行規則に，各学校に図書館を設置すべきことが示された。戦後の学校図書館はここからはじまるといってよい。

1949（昭和24）年8月に，文部省に設置された学校図書館協議会は，文部大臣の諮問にこたえて学校図書館基準を決定公表した。

1950（昭和25）2月，学校図書館団体として「全国学校図書館協議会」が発足し，機関誌『学校図書館』が発行された。

1953（昭和28）年7月，学校図書館法が交付された。これにより図書館の設置が，全国すべての小・中・高等学校の義務になった。またその運営は司書教諭によってなされることになった。

1996（平成8）年7月，第15期中央教育審議会第1次答申「21世紀を展望した我が国の教育の在り方について」に「生きる力」という言葉が登場し，生きる力という資質や能力の育成がなされるようになる。学校教育は，これまでの知識伝達型から課題発見・課題解決型になった。学校図書館もそれに応じる場と変化した。また同答申は以下のように述べる。

> 学校の施設の中で，特に学校図書館については，学校教育に欠くことのできない役割を果たしているとの認識に立って，図書資料の充実のほか，様々なソフトウェアや情報機器の整備を進め，高度情報通信社会における学習情報センターとしての機能の充実を図っていく必要がある。

そうしたなか，1997（平成9）年6月，学校図書館法が改正され，2003（平成15）年度から12学級以上の学校に司書教諭が配置されることになった。その役割について，情報化の進展に対応した初等中等教育における情報教育の推進等に関する調査研究協力者会議最終報告「情報化の進展に対応した教育環境の実現に向けて」（1998年8月）に以下のようにある。

> 学校図書館が学校の情報化の中枢的機能を担っていく必要があることから，今後，司書教諭には，読書指導の充実とあわせ学校における情報教育推進の一翼を担うメディアの専門家としての役割を果たしていくことが求めら

れる。

金沢みどりは以下のように述べる。(「司書教諭養成の現状と課題」学校図書館 No.729，2011年7月号，pp.37-39)

　　司書教諭の育成にあたり，情報サービスに関する概説に加えて，各種の参考図書や，文献データベースおよびファクト・データベースなどのデータベースの活用による十分な演習や実習が，必要不可欠である。情報サービスに精通し，児童生徒の情報活用能力の育成に寄与する司書教諭の存在は，2020年度に向けた「教育の情報化ビジョン」の推進にもつながる。今後は，司書教諭の資格取得後に，リカレント教育を受けるための研修会の充実，教育学研究科などの大学院における学校図書館学講座の充実，教職大学院における学校図書館と司書教諭に関する講座の開設など，よりいっそうの進展が求められる。さらに，学校図書館や司書教諭の意義を広く教育現場に浸透させ，よりいっそうの学校図書館の利活用を図るために，教職課程の科目の中に「学校図書館概論」の科目を設けるなど，教職課程に対する地道な働きかけも重要である。

6　大学図書館

　大学図書館とは，大学によって運営される図書館である。大学は，教育および研究をする機関であるから，大学図書館の目的の第一は，大学における教育・研究に資することにある。

　「学術情報ネットワーク」は，日本全国の大学，研究機関等の学術情報基盤として構築，運用している情報ネットワークのことである。その中心は国立情報学研究所 (National Institute of Informatics, NII) である。2000 (平成12) 年4月，NIIは，情報学という新しい学問分野での「未来価値創成」をめざすわが国唯一の学術総合研究所として設置された。NIIが提供しているデータベースの主なものに以下の三つがあげられる。

　　CiNii　　論文や図書・雑誌などの学術情報
　　KAKEN　文部科学省及び日本学術振興会が交付する科学研究費補助金によ

りおこなわれた研究の採択課題と研究成果報告書，研究成果概要など

JAIRO　　日本の機関リポジトリに蓄積された学術情報

　NIIを中心とした学術情報ネットワークには，2011（平成23）年末の時点で769の機関が加入しており，大学図書館はその一部として重要な役割を担っている。

　大学図書館の方向性に大きな影響を与えたのは，2002（平成14）年，科学技術・学術審議会研究計画・評価分科会情報科学技術委員会デジタル研究基盤ワーキング・グループによってなされた「学術情報の流通基盤の充実について（審議まとめ）」である。電子ジャーナルの整備や，後述する機関リポジトリの構築などを提言した。

　2003（平成15）年，文部科学省研究振興情報課が設置した「学術情報の発信に向けた図書館機能改善連絡会」は，「学術情報発信に向けた大学図書館機能の改善について（報告書）」を発表した。これは，大学図書館に電子図書館的機能を整備することを目的に予算措置がなされた15の国立大学に関する報告書である。「学術情報発信機能強化の観点から，電子図書館的機能の改善に必要な取組」を促すものであった。

　2004（平成16）年には国立大学が法人化され，国立学校設置法は廃止された。このことによって，国立大学附属図書館の法的設置根拠がなくなった。

　2005（平成17）年，科学技術・学術審議会学術分科会研究環境基盤部会学術情報基盤作業部会は「学術情報基盤としての大学図書館等の今後の整備の在り方について（中間報告）」を発表した。大学図書館を学術研究活動を支えるための学術情報基盤として捉え，その在り方や役割について検討がおこなわれた。そして2006（平成18）年，「学術情報基盤の今後の在り方について（報告）」を発表した。その第2章「学術情報基盤としての大学図書館等の今後の整備の在り方について」では，2005年の中間報告において「今後更に検討を進めるべき課題」とされた課題を中心に検討がおこなわれた。これらの報告書では，学術情報基盤として「学術研究全般を支えるコンピュータ，ネットワーク，学術

筑波大学

図書資料等」をあげている。大学図書館は，学術情報基盤の構成要素として再認識されたことになる。また，2010（平成22）年，「大学図書館の整備について（審議のまとめ）：変革する大学にあって求められる大学図書館像」が発表されている。

現在，大学図書館が取り組んでいるものとして，機関リポジトリ（Institutional Repository）があげられる。機関リポジトリとは，

> 大学とその構成員が創造したデジタル資料の管理や発信を行うために，大学がそのコミュニティの構成員に提供する一連のサービス

のことである。2013（平成25）年4月時点では350を超える機関が機関リポジトリを公開している。また公開されたコンテンツ数は110万以上になる。雑誌掲載論文のリポジトリへの登録許可は，洋雑誌の出版社の多くは登録を認めるが，和雑誌は多様な考え方をもっているのが現状である。

筑波大学の機関リポジトリ「つくばリポジトリ」は「筑波大学の研究成果をインターネット上で発信するとともに，機関として責任を持って保存するシステム」とされ，2013（平成25）年5月時点でコンテンツ数は約29,000，国別ダウンロード割合は，アメリカが約64%，日本が28%である。

大学院における教育研究成果の電子化及びオープンアクセスの推進の観点から，2013年4月1日以降に授与した博士の学位に係る論文（博士論文）は，印

刷公表に代えて，インターネットを利用して公表することとなった。インターネットを利用した公表は各大学等の機関リポジトリにおける公表が原則とされている。また，国立国会図書館への博士論文の送付は従来の印刷媒体から，原則として電子ファイルの送付に変更される。

7 その他

企業や個人などが創設した専門図書館も少なくない。たとえば，財団法人「味の素食の文化センター」内の「食の文化ライブラリー」は，食文化に関する図書等が収集されている。個人のものとしては，河合章男が創設した俳句図書館「鳴弦文庫」は，近代俳句の図書が収集されている。

公共図書館の場合も，組織のありようが変わり，2つの図書館が1つに統合されるなどすると，多くの蔵書が廃棄されたり，古書市場に流出するが，企業や個人の場合も，運営者の都合によって図書館がなくなったりすることがある。

考えてみよう・調べてみよう
1. 図書館や博物館のホームページなどで有益なものがある。それらと国立国会図書館の電子展示会などと比較し，その違いについて考察してみよう。
2. 図書・図書館史の知見をひろめるために，次の①～⑤の新書本・文庫本の中から1冊選び，読んで，内容をまとめてみよう。
   ① フォースター，E・M著，中野康司訳『アレクサンドリア』(ちくま学芸文庫，2010年)
   ② 野町啓『学術都市アレクサンドリア』(講談社学術文庫，2009年)
   ③ 網野善彦『日本の歴史をよみなおす』(ちくま学芸文庫，2005年)
   ④ 鈴木俊幸『江戸の本づくし』(平凡社新書，2011年)
   ⑤ 屋名池誠『横書き登場』(岩波新書，2003年)

読書案内
テキストとして編まれたものとして，小黒浩司編『図書・図書館史』(日本図書館協会，2013年。JLA図書館情報学テキストシリーズⅢ 11)，佃一可編『図書・図書館史』(樹村房，2012年。現代図書館情報学シリーズ11)がある。後者はインド関係の章をもうけているところに特色がある。
また，1900年代の出版であるが，藤野幸雄『図書館史・総説』(勉誠出版，1999年。図書館・

情報メディア双書 1），寺田光孝『世界の図書館　その歴史と現在』（勉誠出版，1999 年。図書館・情報メディア双書 1）も参考になる。

将来，研究を志す方は，川崎良孝・吉田右子『新たな図書・図書館史研究：批判的図書館史研究を中心として』（京都図書館情報学研究会，2011 年）に目を通したい。

あとがき

　本書は，司書養成カリキュラムでとりあげられた科目のテキストのシリーズ「ライブラリー　図書館情報学」の第10巻にあたる。第1巻から第9巻までが，どちらかといえば過去のことよりも現在・未来のことが述べられているのに対し，本巻は過去のことが中心である。したがって現場で，すぐに活用できる方法などが記されているわけではない。

　また本シリーズ『図書館情報資源概論』で，伊藤民雄氏は，

　　はっきり言えるのは，電子書籍が紙書籍の発行点数・部数を超える日がいつか必ず訪れる，ことである (p.175)。

と述べられている。今後，デジタルブックを読む人，知識情報を得るためにインターネットを利用する人は増加するであろうが，紙の図書を読む人，調査する空間としての図書館を利用する人が増加していくとは考えがたい。

　それにもかかわらず図書というもの，図書館という空間についての歴史について学ぶのはなぜか。その理由の一つは，人間や社会がどのように動くかを教えてくれるからである。歴史は，成功例だけでなく，失敗例からも多くのことを学ぶことができる。図書館職員として，これまで続けられてきたことを繰り返すのであれば，歴史を学ぶことはさほど意味をなさないかもしれない。しかし，新しい社会で期待される，新しい図書館，新しいサービスの創造等をするためには，歴史を学んでおくことは重要と考えられる。

　本書は，図書・図書館史の基礎知識を編んだものだが，読者の方々には，次に図書・図書館史から何を学ぶことができるかについて考えていただきたい。また機会があれば，筆者も，そうしたものを著したいと考えている。

　本書は，本シリーズの監修者大串夏身先生，金沢みどり先生のご指導なくしてはならなかった。また学文社の椎名寛子氏をはじめ編集の方々にはご尽力をいただいた。また，資料について，呑海沙織氏，原淳之氏にご教示いただいた。筑波大学附属図書館には，貴重な資料の図版掲載の許可をたまった。末尾なが

ら,ここに厚く御礼申し上げる。
　2014 年 4 月 1 日

　　　　　　　　　　　　　　　　　　　　　　　　　　　綿抜　豊昭

索　引

あ 行

アカデメイア　54
浅草文庫　94, 102
足利学校　82
アッシュールバニパル文庫　46
アニマシオン活動　67
アメリカ図書館協会（ALA）　72
アルスナル図書館　65
アルファベット　11
アレクサンドリア図書館　54

イギリス図書館　64
イギリス図書館協会　63
市川清流　98
インダス式印章　13
インダス文明　9

ヴァチカン図書館　59
薄様　24
ウルピア図書館　56
芸亭　80

ALA　72
エジプト文明　9
NII　129
エブラ　46

王立図書館　62
大内版　36
大橋図書館　114
オクタヴィア図書館　56
折紙列装　31
折本　30

か 行

カーネギー　71
会員制図書館　62
偕楽園文庫　88
学術情報ネットワーク　129
貸本屋　94
画帖装　31
春日版　35

活版製造所　42
金沢文庫　81
紙屋院　75
関西文庫協会　99
巻子本　30
簡牘　19
官版　39
官文殿　76
機関リポジトリ　131
ギムナシオン　54
教区図書館　62
経蔵　74, 78
キリシタン版　36
金石文　14
近代デジタルライブラリー　121
金文　14

グーテンベルク　60
楔形文字　9
鎖に繋がれた図書館　59
結縄　14
元禄官版　37

光悦本　38
公共図書館宣言　122
江家文庫　80
甲骨文字　13
楮紙　24
紅梅殿　80
古活字版　36
国立医学図書館　72
国立公文書館　105
国立国会図書館　119
国立国会図書館電子図書館構想　121
国立情報学研究所　129
五山版　36
国会図書館　119
古版本　35

さ 行

蔡倫　22

佐伯文庫　89
嵯峨本　38
サンスクリット　13
サント・ジュヌヴィエーヴ図書館　65
CIE 図書館　122
寺院版　35
写本　34
集書院　107
修道院図書館　56
彰考館　81
彰考館文庫　87
正倉院　76
昌平黌文庫　91
書籍館　102
神宮文庫　115
新聞縦覧所　106
新聞図書館　63
駿河版　37
駿河文庫　85
静嘉堂文庫　115
青少年図書館員連盟　100
製版　35,38
青柳文庫　94
石文　14
全国学校図書館協議会　128
綾装本　35
旋風葉　30
倉頡　15
装丁　27
ソーシャル・ライブラリー　70
尊経閣　81
尊経閣文庫　88

た　行

大英博物館図書館　63
タウン・ライブラリー　63
太政官文庫　104, 105
田中不二麿　99
壇紙　24
丹緑本　39
竹簡　19
中国文明　9
中小都市における公共図書館の運営　123
中小レポート　123

朝鮮銅活字本　36
通信制図書館　116
帝国図書館　103
帝国図書館官制　99
デジタルブック　7
綴葉装　31
粘葉装　31
電子書籍　7, 43
東京書籍館　102
東壁　99
東洋文庫　115
図書　7
図書館研究　100
図書館雑誌　99
図書館法　122
図書館令　99
図書寮　75, 104
豊宮崎文庫　96
曇徴　74

な　行

内閣文庫　105
直江版　37
奈良絵本　38
成田図書館　114
南葵文庫　88, 114
日本国見在書目録　77
日本図書館協会　100
日本文庫協会　99
ニューヨーク商業図書館協会　70
粘土板　45

は　行

パーチメント　18
羽田八幡宮文庫　94
パピルス　8, 18
林崎文庫　96
藩版　39
ヒエログリフ　11
東山文庫　95
ビクトリア・アルバート博物館図書館　63
斐紙　24
秀頼版　37
百万塔陀羅尼経　34

索引　137

フィラデルフィア図書館会社　70
福沢諭吉　98
袋綴　31
富士見亭文庫　81
伏見版　37
ブック・モービルひかり号　122
文殿　76
フランクフルト図書館　68
フランクラン協会　66
フランソワ・ミッテラン館　67
文書館　45, 46
焚書坑儒　47
ペルガモン図書館　55
ベルリン音楽図書館　68
法界寺文庫　80
蓬左文庫　87, 114
奉書紙　24
ボストン公共図書館　71
ボストン文芸同好会　70
梵語　13
ポンピドーセンター　67

　　　ま　行

巻物　30
マザラン学院図書館　64
マザラン図書館　64
町版　39
松廼舎文庫　114

三手文庫　96
ムーディーズ図書館　63
ムセイオン　55
メソポタミア文明　9
文字　8
木活字　36
木簡　19
本木昌造　41
紅葉山文庫　85
文部省図書館講習所　100, 102

　　　や　行

安田文庫　114
洋紙　23
羊皮紙　18
四十二行聖書　60

　　　ら　行

ライプチヒ図書館　68
リュケイオン　54
ロゼッタ・ストーン　11
ロンドン図書館　62

　　　わ　行

和学講談所文庫　91
和刻本　36

監 修

大串　夏身　（昭和女子大学特任教授）
金沢　みどり（東洋英和女学院大学教授）

著 者

綿拔　豊昭（わたぬき　とよあき）

現　　職：筑波大学教授
専門分野：日本図書学
主な著作：『高齢社会につなぐ図書館の役割』（共編，学文社，2012年）
　　　　　ほか

[ライブラリー 図書館情報学10]

図書・図書館史

2014年4月10日　第1版第1刷発行

監　修　大串　夏身
　　　　金沢　みどり

著　者　綿拔　豊昭

発行者　田中　千津子

〒153-0064　東京都目黒区下目黒3-6-1
電話　03（3715）1501（代）
FAX　03（3715）2012
http://www.gakubunsha.com

発行所　株式会社　学文社

印刷　新灯印刷

ⓒWATANUKI Toyoaki Printed in Japan 2014
乱丁・落丁の場合は本社でお取替えします。
定価は売上カード，カバーに表示。

ISBN 978-4-7620-2436-8

ライブラリー 図書館情報学
〔全10巻〕

監修
大串　夏身（昭和女子大学人間社会学部教授）
金沢 みどり（東洋英和女学院大学人間科学部教授）

第1巻　生涯学習概論〔寺内 藤雄〕
第2巻　図書館概論〔大串 夏身・常世田 良〕
第3巻　図書館情報技術論〔日高 昇治〕
第4巻　図書館制度・経営論〔柳 与志夫〕
第5巻　図書館サービス概論〔金沢 みどり〕
第6巻　情報サービス論及び演習〔中西 裕・松本 直樹・伊藤 民雄〕
第7巻　児童サービス論〔金沢 みどり〕
第8巻　図書館情報資源概論〔伊藤 民雄〕
第9巻　情報資源組織論及び演習〔那須 雅熙〕
第10巻　図書・図書館史〔綿抜 豊昭〕

　高度情報通信ネットワークを基盤とした新しい社会が姿を表しつつあります。それは日本の情報政策でも示唆されているように，知識が次々と生まれる創造的な社会であり，誰でもがネットワークを活用するユビキタスネット社会であり，ネットワークを積極的に活用して課題を解決していく社会です。また，デジタル化された知識と情報をいつでも誰でもがネットワークを通して入手できる社会でもあります。こうした社会では，図書館は新しい役割を，またそれにふさわしいサービスの創造・提供を期待されています。

　新しい時代の図書館の担い手である司書の新カリキュラムが平成24年度から開始されました。本シリーズは，新カリキュラムに沿って作成されたものです。同時に，新しい時代の図書館の担い手にふさわしい司書のあり方を視野に入れた創造的なテキストであることを目指すものでもあります。これからの司書の育成に大いに貢献することを期待して新シリーズを送り出すものです。

●本シリーズの特色●

(1) 情報化の進展に伴い，今後の高度情報通信ネットワーク社会に求められる図書館司書など情報を扱う高度な専門職の育成をめざすものです。

(2) 単に大学・短期大学の司書課程の学生，および司書講習のためのテキストとしてだけではなく，現職者のリカレント教育にも役立つように，最新の知識や技術，図書館先進地域である北欧諸国やアメリカ，イギリスなど海外の動向，日本の豊富な実例などを充分盛り込むように努めました。なお，単に公共図書館だけではなく，広い視野から，大学図書館や専門図書館など他の館種の図書館についても，すぐれているサービスなどについて幅広く取り上げました。

(3) これからの社会は，生涯学習社会であると同時に知的な創造社会です。そうした社会では，住民・市民が自らの学習と知的な創造のために公共図書館や大学図書館・専門図書館等を積極的に利用することになります。そこで，図書館や各種情報提供機関・インターネット等を利用して必要な資料・知識・情報を自ら収集したいと考えている一般住民・市民の啓蒙書として，情報活用能力の育成も視野に入れて解説します。

(4) 各巻は，最初から最後まで通読した時に，矛盾のない内容で，あくまでも初学者にわかりやすく理解しやすいように書いています。

(5) 学生の負担減を考慮して，情報サービス論とそれに基づいて学ぶ演習，及び情報資源組織論とそれに基づいて学ぶ演習は1冊にまとめ，定価もおさえました。

(6) 執筆陣は，第一線で活躍中の図書館情報学研究者および図書館専門職者より構成されています。